Manfred Papst

Zeichen und Wunder

Bilder zur Weihnacht

Insel Verlag

Insel-Bücherei Nr. 1540

Zeichen und Wunder

Vorwort

Die Geburt Jesu zählt zu den ältesten und beliebtesten Motiven der christlichen Malerei. Die früheste erhaltene Darstellung befindet sich auf einem Sarkophag aus der Zeit um 320. Dort ist das Jesuskind in der Krippe mit einem Tuch bedeckt. Es wirkt, als läge es auf einem Altar. Diese Art der Darstellung findet sich mehrfach in der frühen christlichen Kunst. Menschwerdung und Eucharistie sind da schon in eins gedacht, während Maria und Josef oft noch fehlen – im Gegensatz zu den Hirten sowie Ochs und Esel (die bei Jesaja 1.3 erwähnt werden, nicht aber in den Evangelien bei Matthäus und Lukas). Zunehmend rücken auch die Magier oder Sterndeuter (die »Heiligen Drei Könige«) ins Bild; seit dem 6. Jahrhundert sind sie als Kaspar, Melchior und Balthasar namentlich belegt. Die Betonung der Bedeutung Marias als Gottesmutter gegenüber dem Zimmermann Josef nimmt zu.

Im Lauf der Jahrhunderte ist das Weihnachtsmotiv immer häufiger zu beobachten; die Kernszene mit Maria und Josef, die beidseits des himmlischen Kindes am Boden sitzen, wird allmählich durch weitere Figuren sowie Elemente der Genremalerei erweitert. Der Stall wird zur bevölkerten Wochenstube, alle haben etwas zu tun, Josef zum Beispiel sitzt nicht mehr bloß fromm da, sondern bereitet ein Bad zu, wärmt Speisen oder zieht sogar seine Kleider aus, um das Kind damit zuzudecken. Die Erzählung fächert sich zunehmend in mehrere Szenen auf. Heilige und Stifterfiguren ergänzen das Tableau.

Es geht auf den Bildern aber nicht bloß um das bildlich fassbare Geschehen, sondern um das Gestalten des eigentlich Unsichtbaren in den biblischen Berichten: um die Menschwerdung Christi. Vielen Weihnachtsbildern, die im 15. und 16. Jahrhundert entstanden sind, liegen komplexe theologische Programme voller Anspielungen und versteckter Zitate zugrunde. Jedes Attribut hat seine Bedeutung, jede Pflanze, jedes Tier, jeder Gegenstand hat seinen exakten Ort in der Symbolik. Die Werke haben sowohl religiösen als auch künstlerischen Charakter: Sie dienen als Andachtsbilder, zeugen aber auch von Erzähllust, Freude am sprechenden Detail, Verliebtheit ins virtuose Gelingen. Mit alldem regen sie damals wie heute zum Nachdenken und Spekulieren an.

In diesem Band geht es um die Deutung einiger berühmter Weihnachtsbilder. Der Autor hat versucht, genau hinzusehen, erhebt aber keinerlei Anspruch auf Wissenschaftlichkeit oder Systematik. Die Auswahl konzentriert sich auf Werke des Spätmittelalters und der Renaissance. Sie erfolgte nach persönlichen Vorlieben, folgt keiner Chronologie und wurde weit gefasst: Es kommen Bilder mit der ganzen Heiligen Familie vor, aber auch solche, die nur Maria mit dem Kind zeigen. Die Hirten auf dem Felde haben ebenso Zutritt wie die Heiligen Drei Könige, himmlische Heerscharen, Ochs und Esel, vielerlei Getier.

Die Texte erschienen ursprünglich – jeweils zur Weihnachtszeit – im Kulturteil der *NZZ am Sonntag*. Sie wurden für die Buchausgabe durchgesehen. Immer wieder kreisen sie um den biblischen Grundgedanken von Umkehr und Erlösung, Vergebung und Neubeginn. Es geht in ihnen um den magischen Moment der Epiphanie, also das Sich-Zeigen des Göttlichen im menschlichen Alltag – und vor allem um das existenzielle Ereignis der Begegnung. In den Bildern, die Jan van Eyck, Hans Memling und Hieronymus Bosch, Rogier van der Weyden und Pieter Brueghel, Giotto, Giorgione oder ein namenloser Straßburger Meister von Christi Geburt gemalt haben, äußert sich der offene Blick des Menschen für die Wunder des Augenblicks ebenso wie seine Hoffnung auf eine bessere Welt, in der auch er selbst ein anderer ist.

Manfred Papst

Ein spielendes Kind im flämischen Winter

Pieter Brueghels »Anbetung der Könige im Schnee« gilt als die älteste Darstellung einer Weihnacht im Schneetreiben. Das Bild erzählt die Geschichte von Christi Geburt auf überraschende Weise.

Christ ist geboren! Hirten haben die frohe Botschaft zuerst vernommen, durch der Engel Halleluja, die drei Weisen aus dem Morgenland sind ihrem Stern gefolgt. Doch nicht ins tatsächliche Bethlehem mit seinem Mittelmeerklima hat sie ihr Weg geführt, sondern in ein winterliches flämisches Dorf. Schnee liegt auf den Dächern und Bäumen, Schneeflocken wirbeln durch die Luft. Der Betrachter der Szene sieht von seinem leicht erhöhten Standpunkt deshalb nur undeutlich, was geschieht. Der graugelbe Himmel ist verhangen, das Licht ist fahl, die Farben sind stumpf.

Die Heiligen Drei Könige sind offenbar soeben eingetroffen. Ihr Tross mit den schwer beladenen Maultieren bewegt sich noch über die Dorfstraße, während zwei der Würdenträger schon betend vor dem Kind knien. Wartend steht der dritte hinter ihnen. Dem Wetter und der Kälte zum Trotz herrscht emsiges Treiben. Die Menschen gehen ihren täglichen Verrichtungen nach. Einer hat gerade einen Baum gefällt, zwei andere prüfen mit einem Balken die Festigkeit des Eises, in das zum Wasserholen ein Loch geschlagen ist. Eimer werden hin und her getragen, ein Kind rutscht auf einem Schlitten übers Eis. Im Schutz eines Notdachs – einer an die Mauer einer Ruine gelehnten Bretterwand – brennt ein wärmendes Feuer. Was für ein Gebäude das ist, eine romanische Kirche, ein verfallenes Wohnhaus oder vielleicht eine Festung, bleibt unklar.

Pieter Brueghel hat die knienden Könige durch ihre

gelben und roten Gewänder kenntlich gemacht. Doch er hat die Schlüsselszene des Bildes ganz an dessen linken unteren Rand verlegt, in eine zur Straße hin offene Hütte. Maria mit dem himmlischen Kind ist halb verdeckt, Josef im Hintergrund kaum zu sehen. Hauptthema des Bildes scheint das lebhafte Hin und Her auf der Dorfstraße zu sein. Der bei Brueghel so oft zu beobachtende diagonale Bildaufbau zieht den Blick jedenfalls von der Heiligen Familie weg. So geschieht es auch auf anderen Bildern dieses Meisters der realistischen und zugleich symbolisch verdichteten Darstellung. Auf seiner epochalen *Kreuztragung* von 1564 mit ihren über fünfhundert Figuren (Kunsthistorisches Museum Wien) muss man die schmerzvoll gebeugte Christusfigur im Mittelgrund regelrecht suchen.

Aus mehreren Gründen ist Brueghels *Anbetung der Könige im Schnee* bemerkenswert. Das 1563 oder 1567 entstandene, nur 35 mal 55 Zentimeter große Ölgemälde auf Holz, einer der kostbarsten Schätze der Sammlung Oskar Reinhart am Römerholz in Winterthur, zeigt uns zum einen die Grenzen unserer Wahrnehmung. Im Schneegestöber, unter dem verhangenen Himmel, im diesigen Licht sehen wir nicht deutlich. Alle Passanten scheinen in die gleichen dunklen Kleider gehüllt zu sein. Fast werden sie zu Schemen. Natürlich können wir die skizzenhafte Ausführung der Gestalten im Mittel- und Hintergrund auch bloß mangelnder Sorgfalt des Malers zuschreiben. Tatsächlich wirkt der Pinselstrich stellenweise etwas fahrig. Doch solch eine Deutung griffe zu kurz. Brueghel zielt hier aufs Ungenaue, Flüchtige, Diffuse. Ein Impressionist avant la lettre!

Wie anders er Schneelandschaften gestalten konnte, beweisen mehrere seiner großen Winterbilder. Neben der *Winterlandschaft mit Eisläufern und Vogelfalle* sowie der *Volkszählung zu Bethlehem* und dem *Kindermord zu Bethlehem* ist hier vor allem das Gemälde *Die Jäger im Schnee* zu nennen. Auf ihm erscheinen auch Details in weiter Ferne vollkommen klar. Ein allwissendes, kein menschlich beschränktes Auge scheint diese Welt zu sehen, und es zeigt sich die atemberaubende atmosphärische Qualität dieses Jahrhundertkünstlers: Er bannt nicht nur ungezählte Kinderspiele und Sprichwörter in ein Bild, er gestaltet nicht nur den Turmbau zu Babel und den Triumph des Todes auf überwältigende Weise, er weiß nicht nur vom Glück auf der Bauernhochzeit und im Schlaraffenland, von der Müdigkeit der Erntearbeiter und dem Sturz der Blinden zu erzählen. Dieser Shakespeare der Malerei malt auch die Luft. Die kristallklare Luft an einem hellen Wintertag, die vom Schnee beschwerte an einem trüben. Die feuchte Luft des Herbstes, die linde prickelnde des Frühjahrs.

Und er spricht zu allen Sinnen. Den verhuschten Gestalten auf unserer Anbetung merken wir ihre Not sofort an. »Jeder einzelnen dieser Figuren glaubt man auf eine andere Weise anzusehen, wie sehr sie bei dieser Kälte friert«, hat der Schweizer Kunsthistoriker Gotthard Jedlicka in seiner 1938 erschienenen, bis heute lesenswerten Brueghel-Monografie notiert.

Brueghels Bilder wurden oft kopiert, am fleißigsten in der Werkstatt seines geschäftstüchtigen Sohnes Pieter (1564-1638), die etliche Maler beschäftigte und mindestens 1600 Repliken schuf. Auch von der *Anbetung im Schnee* existieren zahlreiche Kopien. Interessant ist nun aber, worin sie sich vom Original unterscheiden.

Sie lassen genau das weg, was das ursprüngliche Gemälde so einzigartig macht. Sie wählen kräftigere Farben und deutlichere Konturen. Der Tag ist heller, die Kleidung der Wasserträger leuchtend rot. Aus der Vision wird eine gefällige Genreszene. Vor allem aber lassen die Kopisten die Schneeflocken, die das Original bestimmten, indem sie es verwischten, zunehmend weg. Eine Ausstellung in Maastricht machte 2001 den Verwandlungsprozess deutlich. Von Kopie zu Kopie wurde der weiße Schleier dünner. Alsbald war er ganz verschwunden. Doch indem die Firma Brueghel & Co. die sinistre Dynamik des Bilds ins Pittoreske verschob, nahm sie ihm Spannung und Dichte.

Ein Zweites kommt hinzu. Der Maler lässt das zentrale Ereignis der Heilsgeschichte, die Geburt Christi, im Verborgenen stattfinden. Die wenigsten Passanten bemerken überhaupt, was da geschehen ist und weiterhin geschieht. Das Leben geht seinen gewohnten Gang. Damit sagt uns der Maler: Wir können unseren Sinnen nicht trauen. Wir sehen nicht alles. Wir schauen in die falsche Richtung. Entscheidendes passiert in unserer Nähe, in unserer Gegenwart, und wir bemerken es nicht.

Es ist nicht immer das entscheidend, was im Brennpunkt unserer Aufmerksamkeit steht. Was wichtig und was unwichtig ist, können wir im Dunkel des gelebten Augenblicks nicht einordnen. Im Moment haben wir vielleicht keinen anderen Gedanken, als einen Baum zu fällen, die Festigkeit des Eises zu prüfen, Eimer mit Wasser zu schleppen. Und wir sind zu sehr mit uns beschäftigt, um zu bemerken, was für ein Wunder ein paar Schritte weiter geschieht. Obwohl wir uns vielleicht ein bisschen wundern, was die schwer beladenen Maultiere plötzlich auf unserer Dorfstraße zu tun haben.

Nicht immer hat Brueghel uns die Weihnachtsgeschichte so erzählt. Seine große *Anbetung der Könige*, die 1564 entstand und heute in der National Gallery London hängt, ist ganz anders angelegt. Hier steht die Heilige Familie im Zentrum des Geschehens. Maria, eine flämische Bäuerin in rotem Kleid und blauem Mantel, empfängt die Weisen und deren Geschenke. Ihr Blick ist gesenkt, mit ihrer Rechten weist sie auf die Gabe eines der Könige. Sie ist eine Gestalt von rustikaler Anmut. Wie fast alle Frauengestalten Brueghels hat sie etwas Herbes. Die eleganten urbanen Venus-Madonnen waren nicht seine Welt. Auch sonst sind auf dem Bild keine Schönheiten zu entdecken: Der kniende König ist ein verschrumpelter, kümmerlicher Mann mit strähnigem Haar, Josef ein Dickwanst und der Erlöser der Menschheit ein gespenstischer Homunkulus mit übergroßer Stirn, schielendem Blick, verzogenen Lippen. Da ist keinerlei Lieblichkeit wie bei den wohlgenährten Jesussen der italienischen Renaissance, bei deren Anblick man stets »Che bel bambolotto!« ausrufen möchte. Und doch geht von diesem noch hilflosen und doch schon uralten Wesen eine sonderbare Faszination aus.

Vieles wäre in diesem Kontext noch anzumerken, auch zu Brueghels ebenfalls 1564 entstandener Brüsseler *Anbetung der Könige*, einer Temperamalerei auf Stoff. Kehren wir jedoch noch einmal zur Winterthurer *Anbetung im Schnee* zurück. Da ist im Vordergrund, auf dem Eis, dieses Kind auf dem Schlitten. Ein Gleitdornschlitten sei es, weiß die Fachliteratur zu berichten. Auf ihm rutscht und stakst das kleine Wesen völlig selbstvergessen herum. Freut sich des Augenblicks. Ist es vielleicht das einzige Lebewesen, das zu dieser Stunde nicht friert? Was mag in ihm vorgehen? Wir wissen es nicht. So viel aber wissen wir: Brueghel hat auf seinen Bildern zahllose Kinder dargestellt. Sie spielen, balgen sich, naschen, springen, tanzen, schlagen Purzelbäume, entdecken spielend die Welt. Wer diese Persönchen mit Verstand betrachtet, kann kaum mehr glauben, dass die Kindheit, wie der französische Kulturhistoriker Philippe Ariès geltend gemacht hat, erst eine Entdeckung späterer Jahrhunderte sei.

Dieses eingemummte Kind auf dem Eis ist ganz Gegenwart. Es spielt. Und ist damit, obwohl es sich gefährlich nahe am Wasserloch bewegt, ein Bild der in sich versunkenen Seligkeit und unschuldigen Erwartung. Es ist ein überraschendes Gegenstück zum kleinen Bündel auf dem Arm Marias am entgegengesetzten Bildrand. Sicher trägt das Kind auf dem Schlitten nicht die Sünde der Welt. Aber es weist auf seine stille, wache, gesammelte Art in eine hoffnungsfrohe Zukunft.

Das himmlische Kind

Rogier van der Weydens um 1440 entstandene »Madonna in Rot« erzählt eine so anmutige wie unerhörte Weihnachtsgeschichte.

Kein kostbares Interieur, kein Gold und Kristall, keine weite Landschaft im Fenster. Rogier van der Weyden, wie Jan van Eyck vor ihm und Hans Memling nach ihm sonst stets ein Meister der kunstvollen Bildraum-Architektur und ein detailverliebter Erzähler dazu, nimmt sich hier ganz zurück. Maria sitzt in einer Wandnische, als wäre sie eine Skulptur, in nahezu abstrakter Umgebung. Auch der Engel mit der Krone im Rundbogen scheint nur ein Teil der kargen Kulisse zu sein. Alle ausschmückenden, biblische Geschichten evozierenden Elemente, die etwa die frühe *Madonna Northbrook* (Madrid) oder die gleichzeitig mit unserem Bild entstandene Wiener Madonna aus Rogiers Werkstatt zieren, sind hier weggelassen – oder später übermalt worden. Wir sehen kein filigranes Lichterspiel, sondern nur die Jungfrau mit dem Kind in plastischer Modellierung vor schwarzem Hintergrund.

Maria sitzt wohl eher auf einem Schemel oder auf einer Steinbank als auf einem Thron, doch ihr wallendes Gewand – in überraschendem leuchtendem Rot statt im geläufigeren Blau – lässt keine näheren Schlüsse zu. Die Konsole scheint aus dem Bild herauszuragen: ein Trompe-l'Œil-Effekt, wie er uns in der altniederländischen Malerei oft begegnet. Im Übrigen aber ist hier nichts auf Effekt angelegt. Niemand blickt uns an, niemand fordert unseren Blick heraus. Mutter und Kind sind sich selbst genug.

In vollendeter Anmut sitzt Maria da, verträumt, fast ein wenig abwesend, dem himmlischen Knaben zugeneigt. Sanft hält sie ihn im rechten Arm. Nun hat Rogier, dieser geniale Schüler Robert Campins, zwar etliche bezaubernde Madonnen gemalt – feingliedrig und zart sind sie stets, mit langen, schmalen Händen, halb Mädchen noch, halb Königinnen schon –, doch nie einen schöneren Knaben als auf dieser *Madonna in Rot*, die nach einem Vorbesitzer auch *Durán-Madonna* heißt. Seit 1930 hängt das ungewöhnliche Hochformat – das Bild misst 100 auf 52 cm – im Prado zu Madrid.

Oft sind Rogiers Jesuskinder seltsame Homunkuli, wehrlos, nackt und bloß, bedürftige Kreaturen am Busen der Maria lactans, der stillenden Muttergottes. Fremd und unverwandt blicken sie in die Welt: Wesen, denen ihre düstere Zukunft schon eingeschrieben scheint. Hier jedoch sehen wir tatsächlich einen »holden Knaben im lockigen Haar«, wie es im Weihnachtslied heißt, einen, der schon sitzen, sich mit dem Fuß auf dem Knie der Mutter abstützen und den Oberkörper energisch drehen kann. Er ist auch nicht in eine Windel gewickelt, sondern in ein raffiniert geschnittenes Gewand mit weiten, gerafften Ärmeln gekleidet.

Was aber tut der Kleine? Er macht sich an einem Buch zu schaffen, das Maria mit ihrer linken, beringten Hand auf dem Schoß hält. Wir dürfen davon ausgehen, dass es als Attribut der Madonna ein heiliges Buch ist. Der Knabe greift mit seinem Patschhändchen in die Seiten und zerknittert das kostbare Pergament. Äußerlich knüpft das Bild an Jan van Eycks sieben Jahre ältere *Ince-Hall-Madonna* (Melbourne) an, in welcher Mutter und Kind ebenfalls ein Buch betrachten. Doch während sich Jan van Eycks Jesus sehr artig verhält, blättert Rogier van der Weydens Knabe ungestüm und ohne Rücksicht auf Verluste die Seiten um.

Die Mutter indes: Sie lässt es geschehen. Wenn nur das Kind zufrieden ist! Vielleicht hat es gerade geweint; ein Schimmer auf seiner rechten Wange scheint das anzudeuten. Maria zeigt nicht die kleinste Spur von Ungeduld. Zärtlich neigt sie den Kopf zu dem Knaben (eine Bewegung, die in der Unterzeichnung des Bildes noch nicht zu sehen ist), mild, mit gesenkten Lidern blickt sie auf ihren kleinen Wildfang, ein Inbegriff der Demut und Schicksalsergebenheit. »Es ist ja nur ein Buch«, könnte sie sagen.

In dieser kleinen Szene liegt ein wunderbarer Humor und damit auch ein tieferer Sinn. Denn Jesus ist ja in die Welt gekommen, »auf dass die Schrift erfüllet werde«, will sagen, auf dass sich die Prophezeiungen des Alten Testaments bewahrheiten. Indem nun der Knabe in kindlichem Spiel in die Seiten greift, zeigt er nicht bloß Ungeschick – das freilich auch –, sondern er präsentiert sich auch als ein ganz anderer. Als Messias, der nicht nur der Vollstrecker des in den alten Schriften Angekündigten ist, sondern der die Schrift erfüllt, indem er sie überwindet. Als Erlöser, der alles neu macht und alle Schuld tilgt. Als göttliches Kind, mit dem die Welt noch einmal beginnt. Darauf hofft die Christenheit seit je, und im Weihnachtsfest erneuert sich alljährlich diese Hoffnung. »Wenn ihr nicht umkehrt und werdet wie die Kinder, so werdet ihr nicht ins Himmelreich hineinkommen«, heißt es bei Matthäus (18,3). Rogier van der Weydens *Madonna in Rot* gibt uns einen Hinweis, wie das gemeint sein könnte.

Freilich erzählt das um 1440 entstandene Bild (der Maler hat keines seiner Werke signiert oder datiert) nicht die ganze Geschichte. So wie es mit seiner kühnen Beschränkung auf wenige Farben das Spektrum von Blau und Grün ganz ausspart, so spart es auch alles aus, was Jesus auf der Welt noch erwartet, und hält nur diesen einen seligen Moment fest, ohne Schwermut, ohne düstere Ahnung. »Jede Weihnacht wieder wird das welterrettende Wiegenkind zur Erde geboren, das bestimmt ist, zu leiden, zu sterben und aufzufahren«, heißt es im Vorspiel von Thomas Manns *Josephs-*

Tetralogie. In anderen seiner Werke hat Rogier van der Weyden diesen Zusammenhang deutlich gemacht: Die Mitteltafel seines *Columba-Altars* (München) etwa zeigt eine großangelegte Anbetung der Könige, und an einem Pfeiler des Stalls von Bethlehem hängt – erschreckender Anachronismus – bereits ein Kruzifix.

In Bildern wie diesem wird deutlich, dass Rogiers Werk keine zweckfreie Kunst im modernen Sinne ist, sondern auch mit bildnerischen Mitteln umgesetzte Theologie aus dem Geist des Mittelalters. Das zeigt sich besonders sinnfällig in der berühmten *Lukas-Madonna* (Boston), die kurz vor unserem Bild entstanden ist: Der heilige Lukas, welcher der Legende nach nicht nur Arzt und Evangelist war, sondern auch die Muttergottes im Bild festhielt und deshalb zum Schutzpatron der Maler wurde, zeichnet mit dem Silberstift Maria und ihr Kind. Er tut das in der Bewegung des Niederkniens: Kunstausübung und Anbetung werden eins, doch auch hier ruht die Madonna ganz in sich. Sie scheint den Maler nicht wahrzunehmen. Er aber sieht sie aufmerksam an. Was er zeichnet, sehen wir nicht genau.

Aber wir sind dabei in diesem magischen Moment, so wie in jenem anderen, nicht minder bedeutenden, da der Knabe ins heilige Buch greift. Wir schauen diese Bilder an, wie wir als Kinder ins Weihnachtszimmer geblickt haben mögen: neugierig, staunend, etwas ängstlich – und in der Gewissheit, dass da ein Wunder geschieht.

Zeichen und Wunder

Hieronymus Boschs höchst zeitgemäße »Anbetung der Könige« formuliert eine weihnachtliche Botschaft in einer gefährdeten Welt.

Auf den ersten Blick ist alles beim Alten. Bethlehems Stall steht irgendwo in Brabant. In lieblichem Grün dehnt sich die Landschaft. Von Schnee keine Spur. Die heiligen Könige sind gekommen, dem himmlischen Kind zu huldigen. Auf den Seitenflügeln: die Stifter des Altars mit ihren Schutzheiligen, Petrus und Agnes. Grund- wie Horizontlinie zeigen uns: Die drei Bilder sind eins.

Doch auf den zweiten Blick ist alles anders. Hieronymus Boschs Epiphanie-Triptychon, das wohl um 1490 entstanden ist und heute im Prado zu Madrid hängt, ist ein Bild voller Widersprüche. Es verzaubert uns und stellt uns vor Rätsel. Denn das freudige Ereignis, das es schildert, ist erfüllt von heimlicher Schwermut, und zahlreiche Details des Werkes, das in geschlossenem Zustand eine von theologischer Strenge erfüllte Grisaille-Darstellung der Messe des heiligen Gregor zeigt, berichten von der Tücke der Welt.

In einem morschen, baufälligen Stall sitzt Maria mit ihrem Kind. Sie trägt kein kostbares Gewand. Auch von einem Heiligenschein ist nichts zu sehen. Der krumme Ast, der das Strohdach stützt, trennt das traute Paar so beiläufig wie wirksam von seinen illustren Besuchern. Die Muttergottes sitzt mit ihrem winzigen, seltsam alterslos wirkenden Kind nicht auf einem Thron. Sie ist einfach da, ganz in sich, unberührt, still. Nur ihre Haltung distanzierter Anmut deutet an, dass sie eine Königin ist.

In absteigender Linie von links nach rechts sehen wir, während der Esel im Halbdunkel ohne Ochs auskommen muss, die drei heiligen Könige. Sie symbolisieren sowohl die Lebensalter der Christenheit als auch die drei damals bekannten Kontinente: Europa, das mittlere Asien und Afrika. Dass einer der drei »Weisen aus dem Morgenland« von schwarzer Hautfarbe ist, gehört seit Memling und van der Goes zum festen Bildprogramm der Epiphanie-Darstellungen.

Die drei Könige bringen Maria Geschenke dar: Gold, Weihrauch und Myrrhe. Bei Bosch legt der greise europäische König der Jungfrau eine goldene Figurengruppe zu Füßen, welche die Opferung Isaaks darstellt – im typologischen Denken des Mittelalters eine Vorwegnahme von Jesu Opfertod am Kreuz. Die Figuren des Kleinods stehen auf schwarzen Kröten, die Krankheiten und Plagen symbolisieren. Das wiederum bedeutet: Die Gabe ist nicht nur beladen mit dem Gewicht der biblischen Geschichte und ihren Prophezeiungen. Sie enthält auch das Böse und gibt es weiter.

Aufschlussreich ist im Weiteren die Ausstaffierung des zweiten Königs: Die Reliefs auf seinem Kragen zeigen den Besuch der Königin von Saba bei Salomo. Auch das ist eine Präfiguration der gezeigten Anbetung und ein Hinweis darauf, dass das Neue Testament das Alte erfüllt. Zudem ist das Opfer Manoahs, dem ein Engel die Geburt Simsons verheißt, auf dem verzierten Gewand zu sehen.

Voller Widersprüche sind die Attribute des jungen afrikanischen Königs. Sein Helm, den er auf den Boden gestellt hat, ist verziert mit zwei Vögeln, die versuchen, eine goldene Beere zu verschlucken. Man muss die abgründige Symbolwelt von Boschs (ebenfalls in Madrid zu bestaunendem) *Garten der Lüste* nicht kennen, um in ihnen Sinnbilder der Ausschweifung und der Schwelgerei zu erblicken. Indes zeigt der Helm noch andere Figuren: Seitlich seiner Öffnung ist ein nacktes junges Menschenpaar zu erkennen, das in naiver Grazie ein konvexes Spiegelchen hält – ein vieldeutiges biblisches Zeichen, das die düstere Botschaft konterkariert und darauf hinweist, dass die Jungfrau Maria die Erbsünde tilgt. Unschuld, lernen wir, ist möglich.

Doch damit nicht genug der widerstreitenden Botschaften: Einerseits ist das weiße Gewand des Mohrenkönigs mit gezackten Blättern besetzt, die auf Christi Dornenkrone verweisen, andererseits sind auf dem Saum des Kleids hybride Ungeheuer zu entdecken: Vögel mit Menschenköpfen und solche, die überreife Früchte verschlingen. Das Motiv wiederholt sich in der silbernen Kugel, die der König in der Hand hält. Auch das sagt uns: Was die Weisen dem Jesuskind bringen, ist nicht einfach rein und gut. Ihre Gaben gleichen der Büchse der Pandora.

Personifiziert wird diese paradoxe Situation in dem geheimnisvollen Mann, der im Türrahmen des Stalles steht. Wer ist er? Was sollen wir von ihm halten? Er ist halb nackt, trägt aber einen kostbaren Umhang und eine Art Dornenkrone; in der Hand hält er den Helm des zweiten Königs, auf dem affenartige Dämonen und langhalsige Vögel zu sehen sind. Nicht nur die Kopfbedeckung des Gastes, sondern auch sein mit auf den Kopf gestellten Affen und nackten Menschen verziertes Gewand, ja seine ganze Gestalt scheinen den leidenden Christus zu parodieren, wo nicht gar zu verhöhnen. Es liegt denn auch nahe, dass diese Figur, in welcher der große österreichisch-britische Kunsthistoriker Ernst Gombrich noch den König Herodes gesehen hat, vielmehr den Antichrist darstellt, jene finstere Gestalt, die sowohl in Sebastian Brants *Narrenschiff* als auch in der Schedel'schen *Weltchronik*, um nur zwei Werke aus Boschs Zeit zu nennen, auftaucht. Er ist ein unheilvoller Geselle im Geleitzug der frommen Weisen, ein Monstrum, das zeigt: Die Mächte der Finsternis sind überall, selbst im Stall von Bethlehem, an dem Ort, von dem das Heil der Christenheit ausgeht.

Maria und das Jesuskind sitzen diesem seltsamen Aufmarsch reglos gegenüber. Wo aber ist Josef? Er ist auf den linken Flügel des Altars verbannt. Dort sitzt er unter einem Vordach auf einem Weidenkorb und trocknet am Feuer eine Windel. Ein braver Vater fürwahr! Er ist ein alter, demütiger Mann. Mit Maria, so viel verstehen wir, verbindet ihn nichts Unkeusches. Was soll auch einer wie er gegen den Heiligen Geist ausrichten? Doch selbst dieser harmlose Josef ist in seinem stillen Winkel von unheilvollen Ornamenten umgeben: Kröten und Dämonen bevölkern den Torbogen wie den Türpfosten.

Die Landschaft, in die Bosch seine Anbetung stellt, beglückt durch ihre lichte Weite. Zudem begeistert uns der Wagemut der himmelstürmenden Architektur, welche die verschiedensten Stile und Epochen schwerelos und unbekümmert um historische Treue verbindet. Allein: Auch sie ist voller Gefahren. Auf dem rechten Altarflügel werden Reisende von Wölfen angefallen. Das Lamm im Mittelgrund, ein Symbol der heiligen Agnes, muss sich verstecken, um nicht gefressen zu werden. Auf dem Hauptbild sammeln sich Truppen, welche die heilige Szenerie bedrohlich einkreisen, und auf dem linken Flügel spielt ein Dudelsackpfeifer zum derben Vergnügen der Bauern auf.

Auch Boschs Hirten sind keine frommen Gestalten, wie wir sie von zahllosen Bildern der christlichen Tradition her kennen. Sie sind grobe, burleske Figuren, ja ordinäre Gaffer. Sie steigen aufs Dach, lauern hinter einer Mauerecke oder spähen durch ein Loch in der Wand. Von demütiger Anschauung haben sie nichts an sich; vielmehr scheinen sie das Bibelwort (Johannes 10.1) zu illustrieren, dass, wer nicht durch die Tür in den Schafstall kommt, kein wahrer Hirte sei, sondern ein Dieb und Mörder. Ihre Herden haben Boschs so lustvoll wie boshaft karikierte Hirten offensichtlich vergessen; deshalb haben die Wölfe leichtes Spiel.

Die Bilder des Meisters der Träume und Albträume

aus ’s-Hertogenbosch lassen sich nie auf eine These reduzieren. Unerschöpflich ist ihre symbolische Kraft. So viel aber wird man angesichts der Madrider Epiphanie sagen dürfen: Die Welt liegt im Argen. Weder auf Könige noch auf Hirten ist mehr Verlass. Sie alle sind Teil einer sündigen, dem Laster und der Torheit verfallenen Welt. Das Böse ist überall. Ohne Fehl und Tadel sind in Boschs Darstellung nur die beiden abseits knienden Stifter und ihre Schutzheiligen. Ihr gläubiger Blick überwindet die Fährnisse der Welt. Er sagt uns: Es gibt das Heilige. Wir können Maria und ihr Kind sehen. Sie sind da in reiner Anmut und Würde, unberührt von allen Schmeichlern und Hofschranzen. Aber wir sehen sie nie allein. Die Epiphanie ereignet sich in einem profanen Umfeld. Zudem sind wir Heutigen uns selbst im Weg. Niemals gebieten wir über unsere Sinne. Der Strom unserer Gedanken treibt, wohin er will. Wir sind Fremde in uns selbst und können das Glück deshalb nur bruchstückhaft erkennen. Doch auch dazu bedarf es der Anstrengung. Die Alten wussten noch, dass das Auge nicht nur ein Rezeptor ist. »So hat der Leib der Augen Licht / dass er damit viel Guts ausricht’«, heißt es schon bei Johannes Zwick. Es ist auch heute an uns, dieses Gute auszurichten.

Der Kunsthistoriker Max Jacob Friedländer (1867-1958) war der Meinung, Bosch habe in seinem Epiphanie-Triptychon aus dem biblischen Bericht vor allem Abenteuerliches und Pittoreskes zu gewinnen versucht und sich deshalb im Dienste seiner ausschweifenden Phantasie weniger mit dem Kern des Textes als mit dessen »Randschnörkeln« beschäftigt. Es ist aber auch eine andere Deutung möglich. Wir halten dafür, dass Bosch den biblischen Text sehr genau gelesen hat, dass es ihm jedoch darum ging, ihn in seiner ganzen Komplexität ins Bild zu setzen. Er sah keine Notwendigkeit, etwas zu schönen oder zu unterdrücken.

»Ein Bischofsstab, der im Familienbesitze sich forterbt«, hat Walter Benjamin einmal zu Johann Peter Hebel notiert, »kann eines Tages so gut wie die Jakobinermütze als peinliche Erinnerung verworfen werden. Nicht aber die unscheinbare Brosche, auf der sich Bischofsstab und Jakobinermütze kreuzen.« Solche tiefsinnigen Miniaturen hat Hieronymus Bosch in seine Bilder gemalt. Hier ganz besonders. Nichts ist ihm fremd, nichts bleibt ihm verborgen – und doch zielt er nicht auf historisierende Relativierung, sondern auf Umkehr, Erlösung und Neubeginn. Gerade seine weihnachtliche »Epiphanie« kann uns lehren, das Ungewöhnliche im Gewöhnlichen, das Wunder im Alltag zu erkennen – und so an etwas teilzuhaben, das weit über unsere Schulweisheit geht.

Morgenglanz der Ewigkeit

Bis zum Ende des 13. Jahrhunderts stand das Mosaik im Zentrum der christlichen Kunst. Es fügte unzählige kleine Glasstücke zu einem Bildkosmos des Glaubens und öffnet bis heute den Blick auf eine jenseitige Welt.

In sich gekehrt, nachdenklich, ernst wirkt Maria, obwohl es doch um einen Moment der Freude geht: Gerade wird sie von Christus gekrönt und in die oberste Himmelssphäre erhoben. Aber nichts Triumphierendes ist an ihr. Sie sitzt auf einem prachtvoll geschmückten Thron, die Hände zur Fürbitte erhoben. Hinter ihr spannt sich der gestirnte Nachthimmel auf. Golden, blau und grün schimmert ihr Gewand, sanft schmiegt sich der Stoff an ihren Körper. Der üppige Faltenwurf zeigt sich in feinsten Lichtreflexen.

Es fällt uns schwer zu glauben, dass dieses Bild aus lauter kleinen Plättchen aus Glas zusammengesetzt ist, aus einem Material mithin, das weit weniger gefügig ist als die Farbe unter den feinen Pinseln der Maler. Doch Jacopo Torriti, der 1296 das Apsis-Mosaik der Kirche Santa Maria Maggiore in Rom vollendete, war ein Meister der Nuance. Der zeit seines Lebens dem byzantinischen Stil verpflichtete Franziskanermönch kannte die neuesten Entwicklungen der Wandmalerei, war mit der Bildsprache Giottos vertraut und verwendete sie für seine Zwecke. Er stand am Ende des Millenniums zwischen den Jahren 300 und 1300, das in der christlichen Welt von der Kunst des Mosaiks geprägt war, und führte eine Technik, die sich nördlich der Alpen einzig in der von Karl dem Großen gestifteten Pfalzkapelle in Aachen bestaunen lässt, noch einmal zu einem letzten, großartigen Höhepunkt.

Die artistische Meisterschaft Torritis ist indes niemals Selbstzweck, auch wenn sich sein neuzeitliches Verständnis als individueller Künstler darin zeigt, dass er bisweilen Werke signiert. Wie 400 Jahre später Johann Sebastian Bach gestaltet er die Welt seines Glaubens. Es geht ihm um die Umsetzung einer komplexen theologischen Lehre in Bilder, die einerseits zu Eingeweihten sprechen, andererseits aber auch für eine illiterate Gemeinde verständlich sind. Seine Kunst entfaltet sich im Kontext eines sakralen Raums, der in erster Linie dem Gebet dient, nicht dem ästhetischen Genuss.

Die Maria, die wir hier im Augenblick der Erhebung, der Assumptio, sehen, ist Teil eines reichen Bildprogramms, das die ganze Apsis umfasst. In der vielfach verschränkten Komposition zeigt sich Torritis überaus modern anmutender Blick. Die zentrale, genuin mittelalterliche Krönung Marias bettet er in eine biblische Szenerie ein, die so anspielungsreich an Figuren wie an Zitaten ist. Mit dem Text des Buches, das Jesus mit der Schrift zum Betrachter in der Hand hält – »Komm, Auserwählte, ich werde dir meinen Thron errichten« –, ist schon die Verbindung zur Erotik des Hohen Liedes gegeben. Scharen von Engeln, die die neun himmlischen Chöre symbolisieren, begleiten den feierlichen Akt. Petrus, Paulus und Franziskus, Johannes der Täufer, Johannes der Evangelist und Antonius wohnen der Zeremonie bei. Seitlich wird das Ensemble von Akanthusstauden umrahmt, am unteren Rand wird es durch eine idyllische Uferlandschaft abgeschlossen. Wir sehen Pfauen, Fasane, Adler, Enten, selbst einen Hasen, der sich an Weintrauben gütlich tut. Im Wasser erkennen wir Fische und Vögel. Hirsche trinken aus den Flüssen des Paradieses. Und in der Ferne erblicken wir das himmlische Jerusalem.

Unterhalb der Apsis-Kalotte erkennen wir vertraute Szenen aus dem Neuen Testament. Da ist zunächst die Verkündigung. Maria wirkt erschrocken, der Engel dagegen vollkommen ruhig. Sodann die Geburt Christi: Maria ruht in einer Felsenhöhle. Ochs und Esel schauen neugierig auf das Kind in der Krippe. Josef sitzt abgewandt, kummervoll, ganz allein. Er scheint vom Ereignis selbst so wenig zu wissen wie von den herbeigeeilten Hirten in seiner unmittelbaren Nähe. Als Nächstes sehen wir die Anbetung der Könige, die dem himmlischen Kind ihre Aufwartung machen. Der Stern hat sie geleitet und ist am rechten Ort stehen geblieben.

Auf die Darstellung der Darbringung im Tempel – mit einem bemerkenswert ängstlichen Jesuskind – folgt eine so aufwändige wie verblüffende Gestaltung des Marientodes. Maria liegt ausgestreckt auf dem Totenbett. Um sie scharen sich die Trauernden: Engel, Apostel, Mönche. Und nun das Unerhörte, Ungesehene: Hinter dem Leichnam steht in einer Aureole Christus. In seinen Armen hält er eine weiße, in Tücher gehüllte Gestalt. Es ist niemand anderes als die unsterbliche Maria, die Seele der soeben Verstorbenen. Und sie betrachtet nun ihren eigenen toten Körper. Aufmerksam, vorgebeugt, mit gefalteten Händen neigt sie sich über ihre irdische Vergangenheit, während ein Engel sich anschickt, sie in den Himmel zu tragen.

Torritis Mosaik in der Apsis von Santa Maria Maggiore ist ein Werk von überwältigender Kraft und markiert zugleich den Abschluss einer Epoche: Mit ihm endet das Zeitalter des Mosaiks, und es beginnt dasjenige des Wandgemäldes mit seiner feineren, wenn auch für Fährnisse der Zeit anfälligeren Textur. Gerade deshalb lohnt es sich, zu fragen, was den besonderen, Jahrtausende überdauernden Zauber der Mosaiken ausmacht.

Beginnen wir mit dem Handwerklichen. Die Mosaiken waren aus verschiedenfarbigen Würfeln aus Stein, Glas oder geschmolzener Gold- und Silberfolie zusammengesetzt. Die Teilchen maßen in der Regel nicht mehr als vier bis sieben Quadratmillimeter und waren außerordentlich haltbar. Die Bilder verblassten nicht. Sie verzogen sich nicht. Sie widerstanden Wind und Wetter. Deshalb nannte sie der Florentiner Maler Domenico Ghirlandaio gemäß Vasaris Viten die »vera pittura per l'eternità«, die wahre Malerei für die Ewigkeit. Zudem galten Mosaiken, weil sie arbeitsintensiv und also teuer waren, schon zur Zeit ihrer Entstehung als besonders kostbar. Entsprechend hoch war ihr Sozialprestige, auch wenn sie die Subtilität von Gemälden nicht erreichten. Wer nahe genug an sie heranging, konnte die Teilchen erkennen, gar zählen, sehen, wie alles gemacht war, und das Ganze womöglich für eine bloße Fleißarbeit halten.

Es gilt indes zu bedenken, dass Mosaiken zur Zeit ihrer Entstehung nicht auf Wirkung in unmittelbarer Nähe zielten. Sie mussten Betrachter erreichen, die in einiger Entfernung standen, zudem in für unsere Begriffe zweifelhaftem Licht. Es gab nur Kerzen und Öllampen, auch keine Ferngläser. Die Bilder versanken im Dämmer des Kirchenraums – und durchstrahlten ihn doch wunderbar. Denn dies ist das Entscheidende in der Kunst des Mosaiks: Es reflektiert das Licht wie keine andere Kunstform. Die Abertausende von Mikroquadern, die sogenannten Tessarae, wirken wie winzige Spiegel. Da sie aber in Form, Farbe, Höhe minim differieren und zudem in verschiedenen Winkeln eingesetzt werden, verursachen sie einzigartige, vielfache Lichtbrechungen. Fast möchten wir von einem polyperspektivischen Erzählen sprechen.

Die Mosaiken strahlen, schimmern und leuchten in einer Weise, die die Menschheit immer wieder begeistert hat. Sie lassen das festgefügte Gemäuer, auf dem sie angebracht sind, vollkommen vergessen. Die Bilder scheinen zu schweben. Und es geht keineswegs nur um die Ästhetik eines schönen Scheins. Immer wieder haben ergriffene Betrachter die Mosaiken als religiöse Zeichen gelesen. Die Bilder materialisieren das Immaterielle. Damit weisen sie über sich hinaus. Sie zeigen das Licht, das seit je als Manifestation des Göttlichen galt, in seiner unfassbaren Vielfalt.

Gerade dadurch aber sind sie ungemein modern. Denn was illustrieren sie? Nicht irgendwelche beliebigen Erzählungen oder Legenden, sondern das Wort des biblischen Gottes. Und sie zeigen, dass dieses nicht eindimensional zu deuten ist. Es steht niemals still. Es irisiert und irritiert. Im christlichen Mosaik offenbart sich der komplexe Sinn der Schrift in perspektivisch aufgefächerten Bildern. Doch ist da nicht nur das Schillern. Es gibt Wahrheit. Allerdings verbirgt sie sich dem flüchtigen Blick. Die Suche nach ihr verlangt Versenkung, Hingabe, Geduld.

Die mittelalterlichen Mosaiken zeigen uns in ihrer magischen Präsenz, die Nähe und Ferne, mystische Evidenz und Unfassbarkeit zugleich ist, das Paradox des Glaubens. Sie verweisen uns auf eine jenseitige Welt. Sie künden von dem, was Gottsucher und Utopisten von Augustinus bis zu Ernst Bloch ersehnt haben.

In ihrer Schönheit eröffnen sie uns einen kindlich-neugierigen Blick ins Paradies, zu jenem »Morgenglanz der Ewigkeit« und »Licht von unerschöpftem Lichte«, von dem das barocke Kirchenlied kündet. Damit verweist das Mosaik uns auf die Möglichkeit, uns nicht mit dem Vorhandenen abzufinden, sondern umzukehren, Hoffnung zu schöpfen und zu neuen, ganzen Menschen zu werden. Nicht nur zur Weihnachtszeit.

Der Engel bringt Kirschen

Joos van Cleve, der »Leonardo des Nordens«, zeigt uns auf einem um 1530 entstandenen Triptychon die Geburt Christi als Fest der sinnlichen Freude, aber auch als ewiges Geheimnis.

Sonne und Sterne leuchten zur gleichen Zeit. In mildem Licht liegen Stadt, Land, Fluss, die blauen Hügel in der Ferne gehen über in den zart umwölkten Himmel. Schroffe Felsen ragen empor. Es ist eine jener Phantasielandschaften, wie der Flame Joachim Patinir, ein Zeitgenosse Joos van Cleves, sie so unübertrefflich zu malen verstand.

In sie hineingestellt aber ist ein zum Betrachter hin offenes Bauwerk, das an die Bühne eines Theaters erinnert. Auf einem reich geschmückten Thron sitzt die Jungfrau Maria, prachtvoll gekleidet, versonnen lächelnd; auf ihrem Schoß hält sie den nackten Jesusknaben. Über ihr spannt sich ein von marmornen Säulen mit vergoldeten Kapitellen getragenes Tonnengewölbe, das mit Sternen verziert ist. Maria ist die Himmelskönigin, für sie erstrahlt das Licht des hellen Tages ebenso wie jenes der Nacht. Ein Blumenkranz schwebt über ihrem Haupt; gehalten wird er mittels einer Girlande von zwei Putten.

Selbstvergessen hält die anmutige junge Frau mit ihrer linken Hand das Füßchen des Knaben. Der indes wendet den Kopf schon keck von der Mutter weg, während sein eines Händchen deren schützende Rechte umfasst. Neugierig erkundet der Kleine die Welt – und sein Blick fällt auf eine Gestalt, die das himmlische Kind nicht weniger erstaunt als uns Betrachter. Sie sitzt auf einer Holzbank neben dem Thron und blättert in einem heiligen Buch.

Im ersten Moment glauben wir eine alte Frau zu sehen, grün gewandet, mit Schultertuch und Kappe. Einen ihrer spitzen Holzschuhe hat sie abgestreift; so mag es ihr wohler sein. Doch bei der seltsamen Gestalt handelt es sich gar nicht um ein Weib, sondern um den braven alten Josef, der nicht so recht zu wissen scheint, wie ihm geschieht. Vermutlich wackelt er mit dem Kopfe wie Gretchens alte Mutter im *Faust*. Auf anderen seiner vielen Darstellungen von Christi Geburt hat Joos van Cleve ihm einen weißen Bart gegönnt, ihm Stock und Hut in die Hand gegeben. Nicht so hier. Verständlich, denken wir, dass das Jesuskind ihn so verwundert und fast ein wenig belustigt ansieht.

Mit seiner Linken umfasst der Jesusknabe einen Apfel. Das Attribut verweist als Frucht vom Baum der Erkenntnis auf Christus als den neuen Adam, dessen Geburt und Opfertod die Sünde der Menschheit tilgt. Auf unserem Bild haben wir es mit einem echten, essbaren Apfel zu tun. Andere Traditionen kennen die Frucht als Kleinod aus Gold, als kostbares Geschenk aus dem Schatz Alexanders, das der König Melchior dem Knaben als Zeichen von dessen kommender Herrschaft über Himmel und Erde schenkt. Goethe berichtet einmal von einer lateinischen Dreikönigs-Legende aus dem 15. Jahrhundert, nach der das Kind den goldenen Apfel ergreift und ihn anbläst, worauf dieser in der Luft zerstiebt wie eine Seifenblase. Welch wunderbares Sinnbild für die Vergänglichkeit irdischer Macht!

Zur Linken Marias entdecken wir einen schwebenden Engel. Dessen leichtes, irisierendes Gewand gibt dem Maler Gelegenheit, seine sublime, an Jan van Eyck und Rogier van der Weyden geschulte Virtuosität auszuspielen. In der Hand aber hält der geflügelte Bote einen Teller mit leuchtend roten Kirschen. Sie sind ein Zeichen für die Wonnen des himmlischen Paradieses, von denen sie einen Vorgeschmack auf die Erde niederbringen. Doch ihre Symbolik ist komplex.

Kirschen verweisen auch auf das Blut Christi und damit auf die Passion. Im Werk Joos van Cleves, der um 1485 in der Stadt Kleve am Niederrhein geboren wurde und 1540 in Antwerpen starb, spielen sie eine wichtige Rolle. Ausgehend von Leonardos später verschollener *Kirschen-Madonna*, hat er dieses Bildmotiv wieder und wieder gemalt; Beispiele sind in Aachen und Berlin, aber auch in New York zu bewundern. Der weltläufige Künstler, der auch Frankreich bereiste und für den Pariser Hof tätig war, unterhielt in den Jahren seines Erfolgs eine Werkstatt mit sechs Gesellen sowie etlichen Lehrlingen. Er gilt als Pionier der seriellen Produktion, der sich auf einige wenige sakrale Motive (Heilige Familie, Anbetung der Könige, Jesus und Johannes als Kinder) beschränkte, arbeitsteilig vorging und sich als Meister auf die Ausführung der »heiklen Stellen« konzentrierte. An die Stelle der Produktion im Auftrag trat die mengenmäßige auf Vorrat. Manche Bilder zeugen deshalb mehr von virtuoser Routine als von genuiner Erfindungskraft. In seinen besten Werken, etwa den beiden Darstellungen des Marientodes, die heute in Köln und München hängen, ragt Joos van Cleve indes weit über das Mittelmaß des Antwerpener Manierismus, zu dessen Hauptvertretern er gezählt wird, hinaus.

Auch auf unserem *Flügelaltar mit der thronenden Maria* aus dem Kunsthistorischen Museum in Wien zeigen sich Joos van Cleves Originalität und spirituelle Kraft, obwohl er hauptsächlich das ikonographische Grundvokabular verwendet. Meisterhaft ist die Lichtführung, die sich im blauroten Gewand Marias ebenso zeigt wie im zarten Schleier auf ihrem Haupt und auf den spiegelnden Fliesen im Vordergrund. Eindrücklich sind die Plastizität der Figuren und die Tiefenwirkung des Raumes. Die strenge Symmetrie sowohl des Hauptbildes als auch des ganzen Triptychons vermittelt den Eindruck überirdischer Ruhe. Hier sind wir aller weltlichen Zeit entrückt, hier halten wir ein und blicken in eine Welt, die offen und weit ist, zugleich aber verlässlich, geordnet, stabil. Ein jegliches Ding ist an seinem Ort.

Auf den Flügeln ist das Stifterpaar zu sehen. Mann und Frau knien betend an je einem Pult. Bisher konnten sie nicht identifiziert werden, und dabei wird es wohl bleiben, zumal nirgends ein Wappen zu entdecken ist und die Schnitzereien auf den Pulten die einzigen vagen Hinweise bieten. Der Stifter wird vom heiligen Georg begleitet. Der Drachentöter erscheint in voller

Rüstung, mit Lanze und Schwert, während die Stifterin von der heiligen Katharina sekundiert wird. Diese trägt unter dem roten Umhang ein reich besticktes Gewand aus Brokat und eine schwere Halskette. In der Rechten hält sie ebenfalls ein Schwert; es gehört neben Buch, Rad und Palmzweig zu den Attributen der Märtyrerin aus Alexandria, welche als Schutzheilige der Schulen besonders Menschen mit Sprachschwierigkeiten hilft. Die linken Hände der beiden Heiligen liegen segnend auf den Häuptern ihrer Schutzbefohlenen. Auf dem Saum des Umhangs der Stifterin aber ruht ein kleiner, zusammengerollter Hund, ein Symbol der Treue. Er schläft. Was mag er träumen?

Auf diesem wie auf den meisten seiner Werke erfüllt Joos van Cleve ein exaktes theologisches Programm. Er setzt bekannte Geschichten mit den zugehörigen Symbolen ins Bild. Selbst der Kehrbesen, der an der Wand hängt, ist nicht einfach ein Haushaltsgerät, sondern ein Symbol für die Reinheit Marias. Aber der Künstler spielt auch mit seinen Versatzstücken und öffnet das sakrale Werk in Richtung Genrebild und Stillleben. Ein Blickfang auf dem Hauptbild unseres Flügelaltars ist der Holzschuh, den Josef abgestreift hat. Er narrt uns richtiggehend beim Betrachten der andächtigen Szene.

Auf einer anderen Mariendarstellung Joos van Cleves, die in Liverpool zu sehen ist, schläft das Jesuskind auf dem Schoß der Mutter. Das Gesicht hat es ins Ärmchen geschmiegt, die kleine Hand umfasst Marias Zeigefinger. Die anmutige Jungfrau greift mit der Rechten in die Kirschen, die ihr ein stehender Engel hinhält. Auf einem Tischchen im Vordergrund sind verschiedene Gegenstände zu einem Stillleben arrangiert: Trauben und Becher verweisen auf das Abendmahl, aber was wollen das scharfe Obstmesser und die Zitronenscheibe uns sagen? Zur Linken Marias stehen zudem – am Rand eines mit Blumen und Tieren geschmückten Teppichs – drei singende Engel. Der mittlere hält ein Notenblatt in der Hand, auf das alle drei höchst aufmerksam blicken.

Aber das Blatt ist leer. Eine Unachtsamkeit des Malers kann das nicht sein. Joos van Cleve war ein Perfektionist. Ihm entging nicht das kleinste Detail. Hat er sich mit dieser Pointe einen Scherz erlaubt? Halten die Engel, die die himmlischen Gesänge nach allem, was wir wissen, natürlich auswendig können, das Notenblatt nur zum Schein für uns Zuschauer? Möglich wäre auch die Deutung, dass sie eine Schrift vor sich haben, die unseren menschlichen Augen verborgen bleibt.

Wir sollen, könnte die paradoxe Botschaft lauten, unseren Sinnen und unserer Erkenntnis nicht blind vertrauen. Es gibt Schriften, die wir nicht entziffern können, und Schriften, die wir nicht einmal als solche erkennen. Unsere Wahrnehmung entdeckt uns nicht alles. Und sie kann uns täuschen. Nicht umsonst heißt es im *Abendlied* von Matthias Claudius: »Wir stolze Menschenkinder / Sind eitel arme Sünder / Und wissen gar nicht viel / Wir spinnen Luftgespinste / Und suchen viele Künste / Und kommen weiter von dem Ziel.«

Luftgespinste bieten uns auch die Maler dar. Gerade Joos van Cleve war ein Meister in dieser Fertigkeit. Man betrachte nur seine *Anbetung der Könige* in Dresden: Auf diesem überreichen Tableau wächst im Hintergrund Efeu aus brüchigem Mauerwerk. Das Blattwerk ist von feinsten Spinnennetzen überzogen. Wir glauben durch diesen Schleier zu sehen. Doch die letzte Wahrheit bleibt uns verborgen.

Himmlische Ruhe

Giottos Fresken in Assisi künden von einer Welt, in der noch alles seinen festen Platz hat. In der Hektik unserer Tage erinnern sie uns daran, was über den flüchtigen Augenblick hinaus zählt.

Der erste der Heiligen Drei Könige kniet bereits vor Maria und dem Jesusknaben, um dem Welterlöser seine Huldigung darzubringen. Die anderen beiden Würdenträger warten noch, bis sie an der Reihe sind. Einer schickt sich gerade an, seinen Mantel abzulegen. Des Schwerts, welches er umgegürtet hatte, hat er sich bereits entledigt. Ein Knappe hat es in Gewahrsam genommen: Denn es ziemt sich nicht, dem himmlischen Kind, das Frieden auf die Erde bringen soll, in Waffen zu begegnen.

Der Knabe streicht dem Herrscher, der seine kostbare goldene Gabe auf den Boden gelegt hat, sanft über das graue Haar. Eine bewegende Geste! Ist sie schon eine bewusste Handlung, ein Akt des Segnens, oder nur das noch nicht auf ein bestimmtes Ziel gerichtete Tasten eines Säuglings? Das Bild legt eher die erste Deutung nahe, denn das Jesuskind hat – wie so oft in der Kunst von Spätmittelalter und Frührenaissance – die Physiognomie und den Blick eines reifen Mannes, ja sogar schon etwas Greisenhaftes.

Die Weisen aus dem Morgenland werden von vier Dienern begleitet sowie von drei Kamelen, welche die Szene mit dem ihnen eigenen Gleichmut beäugen. Das Gefolge wartet vor einer kahlen Felslandschaft in einem offenen hölzernen Unterstand, der an den Stall von Bethlehem erinnert. Maria, die beiden sie flankierenden Engel und das Kind aber thronen unter einem reich ornamentierten Baldachin in einem prachtvollen, palastartigen Haus mit Rundbogen, Säulengängen, Türmen und Erkern. Es zählt zu jener vielfach verschachtelten und verwinkelten, dabei keck den Himmel erobernden Architektur, die um 1300 so bezeichnend ist für den italienischen Meister Giotto. Der war notabene auch Architekt und arbeitete mit ganzen Werkstätten von Schülern. Der Gegensatz könnte größer nicht sein: links der grob gezimmerte, Wind und Wetter ausgesetzte Stall, dort der phantastische Prachtbau jenseits aller realen Proportionen und praktischen Zwecke: zu farbigem Stein gewordene Glaubenshoffnung.

Das wohl um 1295 entstandene Fresko ist in der Unterkirche von San Francesco in Assisi zu sehen. Deren Bilder sind nicht ganz so berühmt wie der Franziskus-Zyklus im oberen Teil der Basilika. Dieser hat, auch wenn er in der jüngeren Forschung zunehmend als apokryph beurteilt wird, über Jahrhunderte eine einzigartige Wirkungsmacht entfaltet. Jedem Italienreisenden steht er vor Augen: Franziskus stützt die Lateranbasilika, fährt auf einem Feuerwagen in den Himmel, sieht die leeren Throne dort, vertreibt die Teufel aus Arezzo, lässt Wasser aus einem Felsen springen, predigt den Vögeln. Bemerkenswert oft stellen diese Bilder Träume und Visionen dar, und immer wieder spielt die architektonische Ausgestaltung des Mittel- und Hintergrunds in ihnen eine entscheidende Rolle.

Einer, der das so genau wie begeistert sah, um es hernach tief zu deuten, war der Philosoph Ernst Bloch. In seinem 1959 erschienenen Hauptwerk *Das Prinzip Hoffnung* charakterisiert er Giotto als Künstler, der am Ausgang des Mittelalters eine Summe von dessen Glauben und Schauen zieht. Für Bloch malt Giotto eine Welt, in der alles noch seinen Halt und seinen Ort hat. Es gibt in ihr keinen Zufall, keine Flüchtigkeit und kein Drängen. Selbst die fliegenden Engel ruhen. Sie sind nicht als einzelne Körper über den Raum verteilt, sondern enthalten und umschließen diesen selbst, wie Thomas von Aquin geschrieben hat. Natur erscheint bei Giotto nicht als wild wuchernde Welt, in der die Kämpfe ums Überleben toben, sondern als Ornament und Kulisse. Wie alles andere gehorcht sie einem höheren Plan.

Die Loggien und Terrassen, Throne und Hallen sind auf diesen Bildern im Rahmen eines theologischen Programms gesetzte Sphären. In ihnen entdeckt der Philosoph ein merkwürdiges Zusammentreffen von Gegensätzen: jenes von schwebender Mystik und irdischer Schwere. Weil Giottos Figuren so vollkommen in sich ruhen, gewinnen sie für Bloch eine faszinierende Unverrückbarkeit. Eine jede von ihnen hat ihren Platz im Schöpfungsplan.

Giottos Bildaufbau orientiert sich streng an den Hierarchien der dargestellten Szene. Gewänder und Felsen sind oft flach und fast schematisch dargestellt. Hier wird uns gleichsam nur das Nötigste mitgeteilt. Mit pittoresken Nebensächlichkeiten hält sich dieser geniale Maler nicht auf. Doch im Zentrum der Kompositionen herrschen Genauigkeit und Vielfalt, Natürlichkeit und Anmut. Nicht umsonst lesen wir in Boccaccios *Decamerone*, die gesamte Natur bringe nichts hervor, was Giotto nicht nachzubilden verstehe.

Was Ernst Bloch an der Kunst Giottos und seiner Zeit so fasziniert, ist die Realität der Utopie, die Gegenwart gewordene, erfüllte Hoffnung. Die exakte Fügung des Bildaufbaus, in welcher die konventionelle Perspektive der Hierarchisierung des Heilsgeschehens untergeordnet wird, zeigt für ihn eine ideale Welt der Ruhe, des Da- und Angekommen-Seins. Das kann uns in unseren hektischen und verwirrenden, aus dem Lot geratenen Zeiten, in unserem Alltag der Reizüberflutung, des gigantischen Müllls an Informationen, des Konsumterrors und der Vergnügungssucht durchaus etwas lehren.

Giottos Welt ist indes nicht von pyramidalem Grabesernst. Seine Bilder künden von jener Gelassenheit und Abgeschiedenheit, die der deutsche Mystiker Meister Eckhart formuliert hat. Sie sind von Licht und höherer Heiterkeit durchwirkt. Die demütige Geste des Königs rührt uns ebenso an wie die anmutige des Kindes. Und auf dem benachbarten Fresko können wir nicht nur Maria mit dem Neugeborenen sehen, zu dem sich Ochs und Esel neugierig beugen, sondern auch den wie gewohnt in sich gekehrten Josef und eine alte Hebamme. Sie hält dem in Windeln gewickelten Säugling die Nase zu, um seine Atmung in Gang zu setzen, während eine Herde teils weißer, teils brauner Schafe herbeidrängt und ein Engel den Hirten große Freude verkündigt. Hier, mit dem ersten kräftigen Atemzug, ist Gottes Sohn wahrhaftig Mensch geworden.

In der Oberkirche zu Assisi können wir ein weiteres faszinierendes Weihnachtsbild Giottos und seiner Werkstatt bestaunen. Es geht von einer Legende aus, die im Kloster von Greccio spielt. Der heilige Franziskus hat dort im Jahr 1223 in einer Felsgrotte mit Ochs und Esel sowie einer mit Stroh gefüllten Krippe die Geburt Christi gefeiert, um den Dorfbewohnern die Weihnachtsgeschichte näherzubringen. Während er predigte, soll ein Ritter namens Giovanni Velita den wahren Jesus gesehen haben, wie er in der Krippe schlief, vom Heiligen aber behutsam aufgenommen und sanft geweckt wurde.

Die fromme Geschichte ist ein schönes Bild für den Zusammenhang von Glauben und Sehen: Wir dürfen nicht alles glauben, was wir sehen. Aber manchmal können wir das sehen, was wir glauben.

Das Bild des Krippenspiels bezaubert uns nicht zuletzt durch die für Giotto und seine Schule so typische Bedeutungsperspektive, die Ochs und Esel neben der Krippe winzig klein erscheinen lässt. Es gibt uns aber auch Rätsel auf. In der oberen Bildmitte steht auf dem Triumphbalken ein Kruzifix, das sich vermutlich gegen das mit Gläubigen gefüllte Kirchenschiff neigt. Wir sehen nur seine Rückseite. Und doch ist damit in der Szene von Christi Geburt schon der Tod am Kreuz gegenwärtig, so wie im Kreuzestod die Auferstehung verborgen liegt.

Jesu Geburt bezeichnet für die Christenheit die Hoffnung auf ein besseres, wahres, eigentliches Leben, dem gegenüber alles Bisherige bloß Vorgeschichte war. Die wirkliche Genesis beginnt, und damit sind wir wieder bei Ernst Bloch, dort, wo der arbeitende, schaffende Mensch sich selbst erfasst als mündiges Wesen in einer freien Gemeinschaft. Dann entsteht in der Welt etwas, »das allen in die Kindheit scheint und worin noch niemand war: Heimat«. Von dieser Hoffnung handelt die frohe Botschaft aus Bethlehem. Von ihr kündet auch der Bilderzyklus in Assisi. Der Mensch kann, so sagt er, zu jeder Stunde umkehren und ein neues Leben beginnen.

Luzifer spielt mit

Matthias Grünewalds »Isenheimer Altar« stellt die Weihnachtsbotschaft auf unergründliche, in der Kunstgeschichte einzigartige Weise dar.

Kein Josef weit und breit. Auch Ochs und Esel lassen sich nicht blicken. Hirten sind indes auf dem Felde, rechts im Hintergrund, am Fuß des Berges, schemenhaft und zugleich riesig im Verhältnis zum Kloster in der blauen Ferne. Um perspektivische Korrektheit geht es auf diesem Bild entschieden nicht.

Maria sitzt still in einem von Mauern umschlossenen Garten, in vollendeter Anmut, prunkvoll gewandet in Purpur und Blau. Ihr Kleid ist mit Pelzwerk gefüttert, während der Jesusknabe nur durchlöcherte Windeln trägt. Sie weisen schon voraus auf das zerfetzte Lendentuch des Gekreuzigten. Vergnügt spielt das Kind mit zwei goldbesetzten Perlen eines Rosenkranzes. Es scheint ihm nichts zu fehlen: Wohlgenährt ist es, beim Lachen zeigen sich seine Grübchen. Nicht nur der geschützte Garten ist in dieser Szene ein Symbol der Jungfräulichkeit: Auch die mystischen Rosen, die keine Dornen tragen, aber köstlich duften, der kaum bewegte Weiher, der Feigenbaum und die gefüllte venezianische Karaffe auf den Stufen des Baldachins sind Attribute der reinen Magd. Sie schenkt dem himmlischen Kind das Leben.

Mariendarstellungen wie jene auf der rechten Seite von Matthias Grünewalds Altartafel gibt es viele in der christlichen Kunst, auch wenn die Gegenstände aus der Wochenstube – Wiege, Zuber, Krug – nicht zum gängigen Bildprogramm gehören. Rätsel über Rätsel gibt dagegen die linke Hälfte der Tafel auf: mit dem Konzert der Engel und der kleinen, von Licht umfluteten Muttergottes zwischen den reich verzierten, an Kandelaber erinnernden Säulen.

Lange hat die Kunstwissenschaft das Werk als Bilderzählung gedeutet, die von zwei verschiedenen Zeiten berichtet: Die kleine Jungfrau mit der Flammenkrone und dem gelbroten Glorienschein ist demnach die schwangere Maria im Tempel Salomos. Sie trägt den Erlöser der leidenden Menschheit in sich; sie kniet oder steht dabei auf der Schwelle jener Pforte, die das Alte mit dem Neuen Testament verbindet. Links die Erwartung, rechts die Erfüllung: Diese auf den ersten Blick plausible Interpretation hat sicher nicht zuletzt mit unserer Gewohnheit zu tun, Bilder als Geschichten und zudem – wie unsere Schrift – von links nach rechts zu lesen. Lösen wir uns von dieser Sehweise, ist aber auch eine ganz andere Deutung möglich.

Bedenken wir dabei, dass Matthias Grünewalds Mitteltafel von zwei Seitenflügeln eingerahmt ist. Sie zeigen einerseits die Verkündigung, andererseits die Auferstehung. Und die Gloriole des zum Himmel auffahrenden Christus entspricht exakt jener der kleinen Maria unter dem Baldachin. Das kann kein Zufall sein. Bewegt sich die Erzählung also einfach von rechts nach links? Nicht unbedingt. Nach unserer Überzeugung ist Grünewalds Bild gar kein diachronischer Bilderbogen, sondern eine gewagte, ja überwältigende Synthese, in der alles zu magischer Gegenwart wird.

Stellen wir uns vor, dass die Maria im Garten, während sie auf ihr Kind blickt, mitten im Wachen träumt. Ihre Gedanken schweifen. Theologisch gesprochen: Sie hat eine Vision. Und sie sieht sich darin im Zustand der Verklärung. Sie hat den tiefsten vorstellbaren Schmerz, die Trauer um den Kreuzestod ihres Sohns, überlebt und wird zur Königin des Himmels gekrönt.

Die Zeit ist aufgehoben in diesem Wunderwerk. Die beiden Marien sind eins. Mutterglück hier, Verklärung dort. Dazwischen steht die unaussprechliche Trauer, die auf dieser Tafel des Altars nicht sichtbar, aber gleichwohl gegenwärtig ist. Daher rührt die ungeheure Spannung in diesem Bild. Es ist nur scheinbar zweigeteilt. Zwar sind die Hälften gegeneinander abgesetzt. Doch der Vorhang in der Bildachse ist aufgezogen. Das will uns sagen: Gott und Menschen finden zueinander. Sphären und Zeiten fließen zusammen in einem paradiesischen Friedensreich. Und auch in der Senkrechten verbinden die auf und nieder schwebenden Engel die Sphären. Der Kunsthistoriker Georg Scheja hat diese Interpretation 1969 ins Spiel gebracht, und wir übernehmen sie hier gern.

Doch damit sind wir noch längst nicht am Ende der Geschichte. Ohnehin können wir Matthias Grünewalds *Isenheimer Altar*, ein Jahrtausendwerk, das gleichsam Weihnachtsoratorium und Matthäuspassion von Johann Sebastian Bach in sich vereint, in hundert gelehrten Büchern nicht ausloten – geschweige denn in einem kleinen Bildessay. Ein paar kleine Beobachtungen müssen hier deshalb genügen.

Drei musizierende Engel machen wir aus in den himmlischen Heerscharen. Sind sie männlich, weiblich, geschlechtslos? Ihre Physiognomien lassen verschiedene Vermutungen zu. Im Vordergrund sehen wir einen in Weiß und blasses Rosa gekleideten Engel, der die Viola da Gamba spielt. Er ist alles andere als schön, doch die Hingabe, mit welcher er spielt, und die durchgeistigte Verzückung seines Antlitzes machen den Mangel an klassischem Ebenmaß wett. Es geht ums Sein und Tun, nicht ums Scheinen. Und noch etwas fällt auf: Der Engel führt den Bogen nicht so, wie wir es erwarten würden, sondern in der Gegenrichtung. Kein Mensch könnte so ein Streichinstrument spielen. Diese Musik, so lernen wir, hat offensichtlich ihre eigenen Gesetze.

Der Engel im roten Gewand spielt in sich gekehrt die Viola. Wir sehen ihn mit Freuden an, können uns kaum sattsehen – und wenden uns dennoch alsbald dem dritten Musikanten zu. Seine überlangen, schwer beringten Finger führen den Bogen über die Saiten eines Instruments, in dem wir wohl eine Basslaute erkennen dürfen. Aufmerksam, gespannt, vielleicht auch etwas ängstlich blickt dieses geheimnisvolle grüne Geschöpf zu Gottvater im Giebelfeld empor. Wer mag es sein? Ruth Mellinkoff hat dazu 1988 einen entscheidenden Hinweis geliefert, aufgrund eines Details, das die bisherige Forschung übersehen hatte: Diese Kreatur ist kein anderer als Luzifer, der gefallene Engel. Die Federkrone auf dem Scheitel und das Federkleid machen ihn als solchen kenntlich. Luzifer hat gegen Gott aufbegehrt, er hat sich enttäuscht von ihm abgewandt und ist ein Bündnis mit dem Satan eingegangen. Doch nun, am Ende der irdischen Zeiten, spielt er mit im Orchester der Engel, hingegeben, erwartungsvoll, aufgehoben im dreifachen Hegel'schen Sinn. Welch ein Gedanke, und welch eine geniale Umsetzung im Bild! Niemand kann aus Gottes Hand fallen, scheint uns Matthias Grünewald hiermit zu sagen. Was einer auch Böses getan haben mag: Es gibt immer eine Umkehr. Luzifers Geschichte ist nicht einfach vergessen. Doch er hat Buße getan, und es ist ihm vergeben. Keiner schaut mehr misstrauisch auf ihn. Er zählt nun wieder zu den himmlischen Heerscharen.

Keiner hat Leiden und Tod Christi erschütternder ins Bild gesetzt als Matthias Grünewald auf dem *Isenheimer Altar*, keiner hat die Versuchungen des heiligen Antonius drastischer gestaltet. Vor diesem Hintergrund, mehr noch: Im Spannungsfeld dieser Anfechtung und Not können wir erst seinen farbigen, mit Engeln sonder Zahl bevölkerten Jubel über die Erlösung der Welt verstehen. Dieser geheimnisvolle Meister, über den wir so viel weniger wissen als über Dürer und Memling, Bosch und Holbein, ja von dem wir nicht einmal die genauen Lebensdaten kennen, bewegt uns stets aufs Neue. Als Maler kennt er keine Grenzen. Seine Hand erlaubt ihm alles. Er ist ein Genie der Bildarchitektur und ein Meister der Nuance in der Lichtführung und Farbgebung. Subtilität und Kraft schießen bei ihm aufs Schönste zusammen. Aber seine Gemälde weisen ihn auch als Homo religiosus und tiefsinnigen Denker aus. Dass er in der Mariologie seiner Epoche zu Hause ist, versteht sich von selbst. Doch er muss sich auch in der Literatur ausgekannt haben. Georg Scheja hat darauf hingewiesen, dass man Grünewalds Darstellung der Krönung Marias auf dem *Isenheimer Altar* als direkte Umsetzung der Verse 16 bis 136 im 23. Kapitel von Dantes *Paradiso* lesen kann.

Die Engel musizieren zum Ruhme Gottes, versunken und entrückt wie Maria mit dem Kind. Sie spielen, als hörte niemand zu. So und nur so entsteht Himmelsmusik. Wenn wir in ihre Stille finden, versetzt sie auch uns in eine andere Welt.

Arkadische Landschaft mit Engeln

Das Tafelbild »Anbetung der Hirten« des venezianischen Meisters Giorgione (1478–1510) verlegt die Weihnachtsgeschichte in eine arkadische Landschaft und erzählt von einer erlösten Schöpfung.

Nichts ist gewöhnlich auf diesem Bild. Gewiss: Auf den ersten Blick erzählt es eine Geschichte, die wir seit Kindertagen kennen. Der Evangelist Lukas hat sie unseren Eltern berichtet, und die haben sie uns weitererzählt. Den Hirten auf dem Felde ist ein Engel erschienen. Er hat ihnen große Freude verkündet, die allem Volk widerfahren wird: »Denn euch ist heute der Heiland geboren.« Die Hirten eilen nach Bethlehem, um das Wunder zu bestaunen und von ihm Zeugnis abzulegen.

Das christliche Mittelalter hat diese Geschichte wieder und wieder illustriert: auf unvergessliche Weise auf dem Tympanon der Kathedrale von Chartres, aber auch in zahlreichen Buchmalereien. Von da wandert sie in die reiche Welt der Fresken und Tafelbilder. Die Botschaft ist stets die gleiche: Das Jesuskind ist auf die Welt gekommen, um die ganze Menschheit zu erlösen. Es zeigt sich zuerst den Hirten und erst dann den Königen aus dem Morgenland.

Giorgione nun spielt in einzigartiger Weise mit diesem Motiv. Nicht Nacht herrscht auf seinem Meisterwerk, sondern heller Tag. Die Szene ist in doppeltes Licht getaucht. Es geht aus von der Sonne, und es geht aus vom himmlischen Kind. Die heilige Birgitta von Schweden, die 1372 auf einer Pilgerfahrt die als Geburtsstätte Jesu verehrte Grotte besuchte, hat in einer Vision das Kind als solche Lichtquelle gesehen. Nackt liegt das neugeborene Wesen da, satt und selig schlafend, nicht in Windeln gewickelt, sondern bloß auf ein Tuch gebettet, das über einen Strohballen gebreitet ist. Offensichtlich friert es nicht. Kräftig leuchten die Farben der Gewänder, jeder Grashalm, jedes Blatt zeichnet sich ab in leuchtender Gegenwart, das Wasser schimmert silberhell.

Noch wichtiger aber ist dies: Die Heilige Familie dominiert das Bild nicht. Sie ist weit in dessen rechte Hälfte gerückt. Und sie hat nicht in einem Stall Unterschlupf gefunden, sondern in einer Grotte oder Höhle, wie wir sie aus dem im zweiten Jahrhundert entstandenen sogenannten Protoevangelium des Jakobus sowie aus der byzantinischen Kunst kennen. Maria kniet im Eingang der Höhle. In ihrem roten Kleid, dem blauen Mantel und mit dem weißen Kopftuch wirkt sie zugleich demütig und königlich. Josef sitzt etwas entfernt von ihr, mit gefalteten Händen, gegen einen Felsen gelehnt. Merkwürdig leuchtet sein oranges Gewand aus dem Dunkel. In sich versunken erscheint er, doch nicht wie auf zahllosen anderen Darstellungen der Epoche als bloßer Nährvater und Schreiner, der bekümmert mit seinem Werkzeug hantiert, während seine Frau mit Gott spricht. Das Paar bildet, wie auch die komplementären Farben der Gewänder nahelegen, eine Einheit. Aus der Schwärze der Höhle äugen, kaum sichtbar, Ochs und Esel hervor.

Im Scheitel und seitlich der Grotte sehen wir vier Köpfchen von Engeln. Die Cherubim muten uns fast wie Püppchen oder Lampions an. Vermutlich symbolisieren sie die vier Evangelien. Sie weisen voraus auf ein neues Leben – nicht anders als die zarte, wundersam wuchernde Pflanze, die aus dem kargen Gestein über der Grotte wächst, ein Rätsel der Natur, blühende Schönheit zwischen fast nichts und nichts. Wir dürfen sie als bildnerisch theologisches Gegenprogramm lesen zu dem abgesägten Baumstamm ganz links im Bildvordergrund, der den überwundenen alten Unglauben symbolisiert.

Nicht Maria, Josef und das himmlische Kind stehen im Zentrum der Darstellung. Dort sehen wir vielmehr die Hirten. Der eine steht gebeugt, der andere hat sich schon hingekniet. Volles Haar trägt der eine, geschoren ist der andere. Hirtenstäbe und -hüte bilden ihre Attribute. Ihre Gesichter verschwinden im Schatten. Auch diesen Umstand kann man deuten: Noch sind die Hirten unwissend, doch alsbald wird die göttliche Weisheit sie erleuchten. Schon im nächsten Augenblick kann es geschehen.

Ihre Gewänder sind abgetragen und zerrissen. Doch die beiden Männer strahlen eine ganz eigene Würde aus. Sie stehen im Bann dieser besonderen Stunde. Und es ist gewiss kein Zufall, dass Giorgione den roten Ärmel des stehenden Hirten exakt in den Bildmittelpunkt gerückt hat. Er hebt damit die ikonografischen Hierarchien des 15. Jahrhunderts mit ihrer strikten Unterscheidung von Haupt- und Nebenfiguren auf. Der italienische Kunsthistoriker M. Lucco hat sich zwar in seiner Giorgione-Monografie 1995 durch die Anmut der Hirten zur Behauptung verleiten lassen, ihre Rustikalität sei fiktional und es handle sich bei ihnen eigentlich um Fürsten in Hirtenkleidung. Diese Lesart ist jedoch rein spekulativ.

Wunderbar und einzigartig wäre Giorgiones Bild, wenn es nur das enthielte, was wir bis hierher kurz skizziert haben. Es überrascht aber auch noch in anderer Hinsicht. Das sakrale Figurenprogramm nimmt nur gut die Hälfte des Gemäldes ein. Links davon entfaltet sich eine Landschaft von überwältigender Schönheit. Im Mittelgrund sehen wir ein Becken, in das sich eine gefasste Quelle ergießt. Zwei Hirten hüten ihre Schafe, ein dritter kauert vor einem Stallgebäude. Über diesem aber erhebt sich ein mächtiger Baum, in dem sich – ganz links oben im Bild – just jener Engel verbirgt, der den Hirten die Geburt des göttlichen Kindes verkündet hat. Wir können ihn fast nicht erkennen, und doch ist das ganze Bild von ihm aus gedacht. Was für ein Einfall!

Doch auch die Landschaft selbst, die sich, von hohen Bäumen gleichsam eingerahmt, in eine wunderbar blauende Ferne öffnet, gibt uns Rätsel auf. Günter Brucher hat in seiner vorzüglichen *Geschichte der venezianischen Malerei* (2010) darauf hingewiesen, dass der Felsboden im Mittelgrund die Form einer liegenden Dämonenfratze hat. Die Steine umfassen einen sandigen Grund, in den das frische Wasser fließt. Es symbolisiert den Quell des ewigen Lebens. Das Böse wird überwunden; was bleibt, sind Ruhe und Harmonie. Natürlich muss man diese Landschaft nicht als sakrales Bildprogramm lesen. Möglich aber ist es.

Giorgione, der mit vollem Namen Giorgio oder auch Zorzo da Castelfranco hieß, war kein malender Theologe – aber er interessierte sich für Astrologie, Alchemie und Esoterik nicht weniger als für Musik und Naturwissenschaften. In Venedig, wo er bald Zugang zu den vornehmen Kreisen junger Patrizier fand, wurde sein Lautenspiel ebenso gerühmt wie sein Gesang. Das hält Giorgio Vasari in seiner Vita des Künstlers fest. Dieser war, nach dem wenigen, was wir von ihm wissen, ein sinnenfroher Mensch, der in Venedig sowie an seinem Geburtsort wirkte und im Alter von nur 32 Jahren dahingerafft wurde, vermutlich von der Pest, vielleicht auch von der Syphilis. Er war ein Liebling der Frauen – seine berühmte »Laura« im Kunsthistorischen Museum Wien stellt gemäß neueren Forschungen eher eine venezianische Kurtisane dar als Petrarcas unerreichbare Geliebte.

Giorgiones Werk ist nicht umfangreich. Das Standardwerk von Terisio Pignatti und Filippo Pedrocco (1999) verzeichnet lediglich 33 als eigenhändig gesicherte Werke sowie 23 Zuschreibungen. Doch in diesem Œuvre, das biblische und mythologische Themen umfasst, aber auch Porträts und das erste verbürgte reine Landschaftsbild der italienischen Malerei, tut sich eine Welt auf. Ihr Charakteristikum ist die unvergleichliche Sensibilität des Malers für Nuancen und Übergänge. Konturen zeichnen mochte der geniale Kolorist, der zusammen mit Tizian in der Werkstatt von Giovanni Bellini in Venedig seine Kunst erlernte, nie. In seinem »Sfumato«, der Technik der ineinanderfließenden, »verrauchten« Umrisse, erinnert er an Leonardo da Vinci, mit dem er auch die Liebe zu Anspielungen, versteckten Zitaten und dem subtilen Spiel mit Bedeutungsebenen teilt. Ist etwa sein *Knabe mit Pfeil* ein Apoll, ein Eros oder gar ein heiliger Sebastian? Wir müssen uns nicht entscheiden. Genau das macht den Maler auch in philosophischer Hinsicht so interessant. Wir können seinen Verzicht auf Trennlinien so deuten: Heiliges und Profanes sind nicht kategorial geschieden. Das Transzendente zeigt sich im Hier und Jetzt der luminösen Farben. In der Natur manifestiert sich göttliches Wirken. Deshalb wirken Giorgiones Landschaften so magisch, so elementar machtvoll und durchgeistigt zugleich. Nie bilden sie eine bloße Kulisse. In ihnen preist der Maler die Schöpfung, und zwar in einer seltsamen Entrücktheit, wenn man bedenkt, dass die Stadtrepublik Venedig zu Beginn des 16. Jahrhunderts einerseits im Krieg mit dem Osmanischen Reich stand, anderseits gegen die Liga von Cambrai kämpfte und zudem mehrfach von der Pest heimgesucht wurde.

Auffallend wenig hat sich Giorgione mit den gewalttätigen Szenen der biblischen Tradition auseinandergesetzt. Wir kennen von ihm lediglich eine Judith mit dem Haupt des Holofernes und zwei Darstellungen des kreuztragenden Christus. Die Heilige Familie dagegen hat er immer wieder dargestellt: mit oder ohne Hirten und Könige. Seine *Madonna mit Kind in einer Landschaft* und seine *Lesende Madonna mit Kind* zählen zu seinen anmutigsten Bildern. Auch seine weltlichen und mythologischen Bilder zeigen oft verträumte, sanfte Gestalten, man denke nur an die rätselhaften *Drei Philosophen* (Kunsthistorisches Museum Wien), die als Allegorie des Mittelalters, der Renaissance und der arabischen Welt gedeutet werden können, in denen man aber auch schon Pythagoras mit seinen beiden Lehrern Pherekydes von Syros und Thales von Milet vermutet hat. Mitunter ist die Ruhe allerdings trügerisch, wie das Meisterwerk *La Tempesta* zeigt: Der treulose Paris verlässt gerade seine Nymphe mit ihrem Kind, um zu Helena zu eilen.

Immer wieder ist Giorgiones Malerei mit der Musik verglichen worden. Nicht nur, weil ihr Schöpfer selbst Musiker war, nicht nur, weil manche seine Bilder uns so geheimnisvoll anmuten wie etwa Schuberts späte Klaviersonaten. Leonardo da Vinci hat in seinem *Traktat über die Malerei* festgehalten, dass die Musik auf denselben Regeln von Harmonie und Proportion beruhe wie die Malerei. Und sein Zeitgenosse Franchino Gaffurio sagt: »Harmonia est discordia concors«, Harmonie ist einträchtige Unstimmigkeit.

Genau darum geht es in Giorgiones Werk im Allgemeinen und ganz besonders in seiner *Anbetung der Hirten*. Scheinbar gegensätzliche Welten – Himmel und Erde, Vergangenheit und Zukunft, Heilige Familie und Hirten – finden zusammen in einem leuchtenden Augenblick. Die Zeit steht still, und es herrscht ein weihnächtlicher Friede, der höher ist als alle Vernunft.

Erfüllte Zeit

In seiner »Madonna des Kanzlers Rolin« setzt Jan van Eyck das Heilsgeschehen auf höchst überraschende, zeitlos aktuelle Weise ins Bild.

Die Christenheit schreibt das Jahr 1435. Der flämische Maler Jan van Eyck sitzt an einem Bild. Nicolas Rolin, Kanzler von Burgund im Dienst Philipps des Guten, hat es für seine Pfarrkirche, Notre-Dame-du-Chastel in Autun, bestellt. Es soll ihn als Stifter zeigen, kniend, an einem tragbaren, mit blauem Samt verhüllten Betpult, Aug in Auge mit der Muttergottes und dem himmlischen Kind. Wir befinden uns in einem Palast mit Marmorsäulen, Flechtwerk-Kapitellen und Rundbögen. Von den farbigen Glasfenstern über die Reliefs auf den Friesen bis zu den besternten Bodenfliesen zeugt alles von Pracht und Reichtum. Durch die Arkaden schauen wir ins Weite, in ein Flusstal mit einer dicht überbauten Insel, auf Hügel, Paläste, eine Brücke mit Wehrturm und ein himmlisches Jerusalem mit einer jubelnden Sinfonie von Türmen. Emsiges Treiben herrscht überall. Wir wissen gar nicht, wohin wir den Blick richten sollen, zumal Jan van Eyck, der Begründer und Vollender der spätmittelalterlichen niederländischen Malerei, aufs Wagemutigste mit der Perspektive spielt: Die in stiller Abgeschiedenheit versunkenen, majestätischen Hauptfiguren sind viel zu groß für ihre Kulisse, die beiden Figuren im Mittelgrund wirken dagegen wie Zwerge, die phantastische Architektur verspottet alle Gesetze der Statik.

Wir wohnen einem Augenblick von höchster Innigkeit bei: Das nackte Jesuskind, blond gelockt und mit stattlichem Bäuchlein, segnet mit der Rechten den

Kanzler, während es in der Linken einen Reichsapfel hält, einen Globus mit aufgesetztem Kreuz, das Symbol weltlicher wie kirchlicher Macht. Der Knabe sitzt auf einer Windel, die schon auf das Lendentuch der Kreuzigung vorausweist. Maria hält ihn fast nur mit den Fingerspitzen. Gleichwohl wirkt sie, anders als die heiligen Kokotten des Manierismus, etwa bei Parmigianino, dem kleinen Wesen ganz zugewandt: Wir müssen nicht fürchten, dass sie es gleich fallen lässt.

Der faltenreiche, mit Edelsteinen und Perlen besetzte Purpurmantel verbirgt ihre zweifellos schöne Gestalt. Den Blick hält sie gesenkt; es scheint ihr gar nicht bewusst zu sein, dass ein schwebender Engel ihr gerade eine gewaltige Krone aufsetzen will. Wäre er kein Engel, könnte er das Ungetüm wohl gar nicht halten. Auf den Bordüren von Marias Gewand entdecken wir Texte, die sie einerseits als Braut des Hohen Lieds preisen, anderseits die Matutin, die Frühandacht, zitieren. Sinnlichkeit und Spiritualität: Hier sind sie im »Nunc stans« der Mystik eins geworden. Jesus ist Säugling und Bräutigam, Kind und König zugleich.

Rolin ist einer der reichsten und mächtigsten Männer seiner Zeit. Sein mit Pelz besetztes Brokatgewand deutet das an. Seine Miene zeugt von Willenskraft und Entschlossenheit. Doch er übt sich in Demut. Die Handflächen hat er zum Gebet zusammengelegt. Vor ihm liegt ein aufgeschlagenes Stundenbuch. Wir erkennen den illuminierten Initial D. Unerhört für die Zeit ist jedoch, dass der Stifter als Adorant allein und in nächster Nähe der Muttergottes weilt – ohne vermittelnden Heiligen. Die Szene ist von einer bis dahin in der sakralen Malerei noch nie da gewesenen Intimität.

Dennoch leben Rolin und Maria in verschiedenen Welten. Das deuten zum einen die Fliesen in der Bildmitte an, welche die Sphären gleichsam trennen. Etwas anderes ist aber noch wichtiger: Der Kanzler sieht genau genommen die Madonna gar nicht an. Sein Blick geht an ihr vorbei ins Leere. Er erlebt gerade den intensivsten Moment seines Lebens. Wird er dessen nicht gewahr? Zahlreiche Kunsthistoriker haben Rolin als bloßen Machtmenschen gedeutet, dessen Demut nicht echt ist und der nur der Form genügt. Diese Interpretation suggeriert, dass van Eyck seinen Auftraggeber so hinterlistig dargestellt habe wie Velázquez und Goya die Mitglieder des spanischen Hofes.

Es gibt aber auch eine andere, überzeugendere Lesart: Die Zeit ist erfüllt. Sie steht still. Alles ist magische Gegenwart, Epiphanie, Erleuchtung. Das spürt Rolin, der sich gerade aller Gewalt entäußert hat, der niedrig und gering geworden ist, mit allen Fasern seiner Seele. Doch in die Augen Marias blicken kann er so wenig wie in die Sonne. Am äußersten Punkt seiner Existenz kommt er bescheiden zu sich selbst. Und gerade weil er weiß, dass sein Teil nur das Dunkel des gelebten Augenblicks ist, findet er zur Ruhe.

Ist das, was wir hier formulieren, bloße Spekulation?

Das denn doch nicht. Sabine Augath hat in ihrem magistralen Werk *Jan van Eyck*s *›Ars Mystica‹* (2007), welches dem großen Zürcher Gelehrten Alois Maria Haas viel verdankt, überzeugend dargetan, dass Jan van Ruusbroecs Mystik die Epoche, in der sich die altniederländische Malerei entfaltet hat, entscheidend prägte.

Van Eycks Bild reflektiert auf 66 mal 62 Zentimetern nicht nur die Theologie seiner Zeit, sondern erfasst die ganze Welt von damals wie im Brennglas. Dass die lineare Zeit hier aufgehoben ist, sehen wir schon im Garten hinter dem Palast: Hier blühen gleichzeitig Rosen, Päonien, Maiglöckchen, Schwertlilien und Akeleien. Doch van Eycks Raffinement geht noch weiter: Auf der Seite des Stifters blühen die Blumen der Passion, auf jener Marias die des Triumphs und der Erlösung. Ohnehin setzt er in den beiden Bildhälften subtil Erdenschwere gegen himmlische Leichtigkeit. Weitere Details fallen ins Auge: die versteckte Darstellung der sieben Todsünden etwa, die Häschen mit den aufgestellten Ohren, die die Wollust subtil ins Heitere kehren, oder die Pfauen im Mittelgrund, Symbole der Unsterblichkeit und des Stolzes, aber auch der Hoffart, die indes gerade hier nicht das Rad schlagen.

Zu den ewigen Rätseln von van Eycks Bild zählen die beiden Männer an der Brüstung des Vorgartens, der durch einen Wehrgang abgeschlossen wird. Der linke, kleinere blickt zwischen den Zinnen in die Tiefe, der rechte wendet sich ihm im Profil zu. In diesem Mann im roten Turban hat man aufgrund von Korrespondenzen zu einem gesicherten Selbstporträt van Eycks ein verstecktes Bildnis des Malers gesehen. Das wäre schon geheimnisvoll genug. Lange hat die Kunstwissenschaft geglaubt, die Figur hielte einen Heroldsstab in der Hand. Sabine Augath sieht ihn jedoch als Blindenstock.

Das aber wäre so zu deuten: Die beiden »Wächter« im Mittelgrund, die sich vom Heilsgeschehen abgewandt haben, sind blind für das Wesentliche. In nutzloser Selbstgerechtigkeit frönen sie ihrer Gelehrsamkeit. Der eine ist blind, der andere blickt bloß in die Tiefe statt in die strahlende Weite der Landschaft oder zum Wunder, das sich in seinem Rücken abspielt. Wenn wir die Wächter so sehen, erscheint uns Rolin tatsächlich als einer, der nicht nur dem Zeremoniell Genüge tut, sondern dem Göttlichen nahe ist, aber weiß, dass er ihm nicht ins Auge blicken kann. Das mag uns etwas lehren: Wir Menschen können von der Schöpfung gerade so viel begreifen, wie eine Fliege, die über die Titelseite der *New York Times* spaziert, vom gedruckten Text erfasst.

Von Angesicht zu Angesicht

Weihnachten lässt uns darüber sinnieren, was wirklich zählt. Ein 1487 entstandenes Werk von Hans Memling, dem deutschen Meister der Niederländer Schule, kann uns dabei helfen.

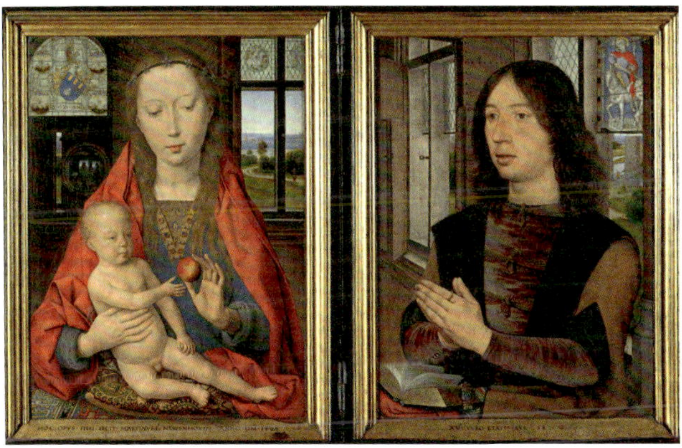

Leid und Liebe, Schmerz und Glaube sind hier untrennbar verbunden: Im Jahr 1487 stirbt Hans Memlings Ehefrau Tanne und lässt den Maler mit drei noch minderjährigen Kindern zurück: Hannekin, Neelkin und Chaykin. Im gleichen Jahr malt Memling ein Andachtsdiptychon für Maarten van Nieuwenhove, ein Bild von wunderbarer Schönheit und Gedankentiefe. Es zeigt auf der linken Tafel die Muttergottes mit dem himmlischen Kind, während auf der rechten Tafel der Stifter des Bildes und spätere Bürgermeister Brügges ein Gebet spricht. Die Tafeln, die nur je 52 auf 41,5 cm messen und im Sint-Janshospitaal in Brügge zu sehen sind, werden durch die mit einem Scharnier verbundenen Originalrahmen geteilt und bilden doch eine höhere Einheit. Das zeigt das weiche, scharlachrote Gewand, welches aus dem linken Bild hinaus bis unter das Buch des Betenden läuft, das zeigt vor allem aber der konvexe Spiegel hinter der Madonna, in dem die Gestalten als Rückenfiguren dargestellt und nicht länger getrennt sind. Wir befinden uns nicht – wie auf vielen Andachtsbildern jener Epoche – in einem sakralen Interieur mit himmelstrebender Architektur, sondern in einem Wohnraum. Er ist mit Glasfenstern versehen, auf deren einem das Familienwappen prangt und durch die wir das Brügger Minnewater erkennen.

Der vornehme junge Mann mit dem edelsteinbesetzten Goldring am linken Zeigefinger kniet vor der Gottesmutter, die ihm nicht in die Augen blickt und ihm doch nah ist. Das Jesuskind sitzt nackt auf einem Kissen aus Goldbrokat, das wiederum auf einem orientalischen Teppich ruht. Es greift nach dem kleinen rotgoldenen Apfel, Symbol des Paradieses, den die Mutter ihm mit zarten Fingern zum Spielen entgegenhält. Dem Knaben scheint nichts zu fehlen. Vor allem friert er nicht, obwohl ein Fenster hinter dem betenden Stifter offen steht. Dirk De Vos, Konservator des Groeningemuseums in Brügge und Verfasser zentraler Bücher zu Rogier van der Weyden und Memling, hat übrigens angemerkt, das lang wallende Haar des Stifters wirke, als würde es durchs offene Fenster von einer frischen Brise durchweht.

Die himmlische Ruhe des Bildes täuscht. Der Bildstifter Maarten van Nieuwenhove, Mitglied einer der einflussreichsten Familien der Stadt, ist ein Anhänger des Erzherzogs Maximilian von Österreich. Gegen diesen bricht in Brügge kurz nach der Entstehung des Diptychons ein Aufstand aus. Die Anhänger des Habsburgers werden gefangen genommen, gefoltert und hingerichtet. Zu den Opfern gehört auch Maartens älterer Bruder Jan. Doch Memling erzählt hier eine andere Geschichte, und dabei spielt der bereits kurz erwähnte Spiegel im Hintergrund, wie wir ihn auch von Jan van Eycks epochalem Arnolfini-Porträt in der Londoner National Gallery kennen, eine entscheidende Rolle.

Diese Spiegel hatten eine mehrfache Funktion. Sie zeigten die artistische Meisterschaft der Maler und ihr virtuoses Spiel mit der Perspektive, sie waren aber auch Metaphern für die Gottheit, die hinter die Dinge blickt und alles sieht. Dank dem Spiegel erkennen wir nicht nur, wie der gesamte Raum aussieht, sondern auch, wie der Maler die Figuren einander gegenüberstellt und aus welchem Blickpunkt er das Geschehen zeigt. Betrachter und Stifter befinden sich in gleicher Distanz zur Gottesmutter und bilden mit ihr gewissermaßen ein gleichseitiges Dreieck.

Verblüffend ist nun aber, dass Memling den Spiegel nachweislich erst später ins Bild eingefügt hat. Das haben Forschungen amerikanischer und kanadischer Kunstwissenschaftler ergeben, die mit Röntgen- und Infrarotstrahlen die verschiedenen Bildschichten freigelegt haben. Dass Memling das künstlerische und philosophische Bildprogramm vor dem »fertigen« Gemälde nochmals revidiert und neu entwickelt hat, ist unglaublich – und noch unglaublicher ist, dass es gelang, das Spiel der Ansichten ex post neu zu definieren. Doch die malerische Seite ist nur die eine. Mindestens so wichtig ist die philosophisch-theologische. Wenn in der sakralen Kunst Spiegel auftauchen, denken wir unweigerlich an den 1. Korintherbrief 13:12: »Wir sehen jetzt durch einen Spiegel in einem dunkeln Wort; dann aber von Angesicht zu Angesicht. Jetzt erkenne ich's stückweise; dann aber werde ich erkennen, gleichwie ich erkannt bin.« Hier nun geraten wir in eine vertrackte Dialektik. Bei Memling zeigt sich das Ganze, das Verbundene, paradoxerweise im Spiegel, während wir von Angesicht zu Angesicht nur Stückwerk zu erkennen scheinen. Der Spiegel verschafft uns den Überblick. Er macht uns zu souveränen Beobachtern. Aber genau da verfehlen wir das Eigentliche. Wir sehen nur Rückenfiguren. Wenn wir uns dagegen auf die Szene im Vordergrund einlassen, zu der wir selbst gehören, dann werden wir Teil des Geschehens. Dann geht es, wie Martin Buber in seinen Schriften zur Dialogik dargelegt hat, um eine unmittelbare Beziehung von Ich und Du. Wir können immer nur entweder Teilhaber oder Beobachter sein. Am Heiligen Abend zum Beispiel müssen wir uns entscheiden, ob wir die Freude der Kinder und Enkel unter dem Weihnachtsbaum unverstellt erleben wollen – oder ob wir es vorziehen, diese Freude abzulichten, um sie für später zu dokumentieren. Beides zugleich geht nicht.

Lassen wir uns also nochmals ein auf die Begegnung mit den Figuren auf Memlings Diptychon. Was sehen wir? Zunächst die Madonna mit Kind als Halbfigur, frontal, hinter einer Balustrade. Wie Maarten van Nieuwenhove auf dem rechten Flügel ist sie vornehm gekleidet und reich geschmückt. Aber natürlich hat der Stifter der Madonna keinen Besuch abgestattet. Sie erscheint ihm in seinem Gemach, während er betet. Die intime Begegnung verbindet zwei Welten in einer Vision. Maartens Gesichtsausdruck ist schwer zu deuten. Scheint er nicht überrascht zu sein darüber, was ihm widerfährt? Bei diesem Gedanken ist an die biblische

Formulierung von der großen Freude zu erinnern, »die allem Volk widerfahren wird«: Auch Freude kann uns als gewaltiger Schrecken widerfahren. Sie ist kein sanftes Lüftchen. Sie ist ein Sturm, der den Lauf der Flüsse umkehrt.

Memling hat dieses Meisterwerk nicht signiert. Auf den beiden Rahmen stehen – in lateinischer Sprache – lediglich die Worte: »Maarten van Nieuwenhove hat dieses Werk machen lassen im Jahre des Herrn 1487 – im Alter von 23 Jahren.« Hinter den beiden Inschriften steht jeweils ein winziger Drache, den bis heute niemand deuten konnte.

Das Familienwappen mit dem Motto »Il y a cause«, »es gibt einen Grund«, wird umrankt von vier Medaillons. Eine Hand sät Samen. St. Georg und St. Christophorus sind als Schutzheilige des Stifters zugegen. Wo aber ist der Mittler? Auch diese Aufgabe hat Memling auf höchst originelle Weise gelöst. Auf Bildern seiner Zeit durften Mensch und Gottheit sich nicht direkt begegnen. Es brauchte zwischen ihnen einen Heiligen oder einen Engel. Deshalb zeigt Memling St. Martin, den Namenspatron des Stifters, in dessen Hintergrund auf einer Glasscheibe, wie er gerade seinen Mantel zerteilt. Das ist raffiniert und nachgerade frech. Der Form ist Genüge getan, und doch können sich Madonna und Stifter unmittelbar nahe sein.

Notabene mit und ohne uns als Zeugen. Denn die Diptychen der Frührenaissance hingen gemeinhin nicht in Kirchen, sondern in privaten Räumen oder allenfalls in Hauskapellen nobler Leute. Nicht auszudenken, was sich im Gespräch der auf ihnen abgebildeten Personen ereignete, wenn sie, von einem schützenden Futteral umschlossen, dort standen oder lagen. Das erinnert uns nun freilich wiederum an Kierkegaards Gedanken vom Menschen, der mit seinem Gott allein und von diesem als Einzelner gemeint ist. Das innigste Gebet findet ohne Zeugen statt. Und vielleicht auch erst im Moment des Todes, wenn die Altarflügel des Lebens zugeklappt werden.

Wir stellen uns einen Spieler vor, der Memlings Madonna mit dem himmlischen Kind und ihrem Anbeter an der leicht beweglichen Achse aufeinander zu- und wieder voneinander wegbewegt. Wo findet die Begegnung statt? In der Epiphanie, in der für einen Wimpernschlag, der alle Zeit aufhebt, Auge in Auge ruht? Oder im Dunkel am Ende der Zeiten, in dem wir niemandes Schlaf mehr sind und nur noch in Gott ruhen?

Das mag jeder für sich selber sagen. An jedem Tag, zu jeder Stunde.

Schnappschuss aus Bethlehem

Himmlische Ruhe ist uns nicht erst heute fremd geworden. Schon Caravaggio malte eine umtriebige Heilige Familie.

So richtig Zeit hat hier keiner. »Beeilen Sie sich ein bisschen«, scheint Maria dem Maler zu bedeuten, »wir können nicht ewig stillhalten!« Das himmlische Kind, das auf ihren Knien steht, umhalst sie zwar, doch es blickt von ihr weg und auch mit schrägem Blick am kleinen Johannes vorbei. Dessen Handgelenk hält Josef mit eisernem Griff umfasst. Er erzwingt die Berührung des Kinderhändchens mit dem Jesusknaben mehr, als dass er sie zärtlich herbeiführte.

Fast unverbunden begegnet uns die Heilige Familie in dieser Szene. Mutterliebe sieht anders aus. Nichts ist zu spüren von der Innigkeit, Anmut und Stille, von denen die Marienbilder Memlings oder Raffaels durchwirkt sind. Auf Caravaggios Gemälde aus dem Jahr 1604 ist die Zeit nicht überwunden. Im Gegenteil: Sie drängt mit tausend Geschäftigkeiten, im nächsten Augenblick wird das flüchtige Gruppenbild mit Erlöser schon verschwunden sein.

Damit passt das Ölgemälde in unsere Ära der immer weiter sich beschleunigenden Lebensverhältnisse. Es kann uns aber auch kunsthistorisch wie philosophisch etwas lehren. Denn artistisch ist es in seiner Verbindung von Sakralem und Profanem, mit seinem subtilen Spiel von Hell und Dunkel, seiner Lichtführung und Plastizität ein Meisterwerk. Gleichwohl fehlt ihm etwas – und für religiöse Menschen vielleicht sogar das Entscheidende. Es ist ein ganz und gar weltliches Bild, obwohl es nicht von jener mondänen Leere ist, welche die Mannequin-Madonnen der Manieristen kurz vor Caravaggio kennzeichnet: jene feingliedrigen Dämchen, die so sehr mit ihrer eigenen Schönheit befasst sind, dass sie das Jesuskind mit spitzen Fingern weit von sich halten. Diese Art von ziseliertem Spätzeit-Kitsch ist Caravaggio fremd. Er bringt die existenzielle Wucht des Barock, die es schon vor den Verheerungen des Dreißigjährigen Krieges gab, in die Kunst.

Etliche der religiösen Bilder, die er in seinem kurzen, von Leidenschaften und Gewalt geprägten Leben gemalt hat, schildern dramatische Szenen: David und Goliath, Judith und Holofernes, die Enthauptung Johannes' des Täufers, die Martyrien des heiligen Matthäus oder der heiligen Ursula: Diese Sujets lagen ihm. Wenn Blutfontänen spritzten, Knochen krachten und aus verzerrten Gesichtern der Hass loderte, war er in seinem Element. Auch androgyne Jünglinge, weich und muskulös zugleich, malte er gern, ebenso wie stadtbekannte Prostituierte in den Rollen von Maria, Magdalena, Katharina.

Er kam keineswegs aus dem reichen, dekadenten Milieu, das er später suchte. Als Sohn eines Maurermeisters wurde er 1571 in Caravaggio bei Bergamo geboren. In Mailand ging er bei Simone Peterzano, einem Schüler Tizians, in die Lehre, bevor er sich in Rom niederließ, wo er aufgrund seines Könnens sowie durch die Protektion eines einflussreichen Kardinals Karriere machte. 1606 musste er aus der Ewigen Stadt ins spanische Königreich Neapel fliehen, weil er während einer Keilerei an einem Straßenfest den Sohn des Kerkermeisters getötet hatte. In Neapel und auf Malta lebte er als erfolgreicher Günstling, geriet aber in weitere Händel, kam ins Gefängnis und floh nach Sizilien. 38-jährig starb er 1610 in Porto Ercole, vermutlich an Malaria, während er auf seine Begnadigung wartete.

Wir wissen viel und wenig über Caravaggio. Viel, weil es an Lebenszeugnissen nicht mangelt; wenig, weil die ersten Biografien, die kurz nach seinem jähen Tod entstanden, aus den Federn seiner Feinde stammen und kaum um Ausgewogenheit bemüht sind. So wurde er als verruchter Künstler dämonisiert und gleichzeitig überhöht: Er galt als genial, aber gewalttätig, lasterhaft, verschwenderisch, als Bürgerschreck und Society-Zelebrität zugleich. Dieses Bild hat Derek Jarman in seinem Film *Caravaggio* 1986 zementiert, ohne Faktentreue zu beanspruchen.

Die kunsthistorische Forschung relativiert heute den Mythos Caravaggio. Doch es ist sicher kein Zufall, dass erst unsere Zeit ihn als Popstar avant la lettre wiederentdeckt hat, während er im 18. und 19. Jahrhundert so gut wie vergessen war. Die Gegenwart liebt nun einmal theatralische Gesten wie diejenige Michelangelos, der in der Sixtina sein Antlitz in die abgezogene Haut des Märtyrers Bartholomäus gemalt hat, und wie diejenige Caravaggios, der sich im abgeschlagenen Haupt Goliaths porträtierte. Man kann das erschütternd finden, aber auch eitel.

Die Kirche hat sich mit dem Maler, der fast immer allein arbeitete und seine Bilder nur selten signierte, anfangs schwergetan. Doch bald sah sie das Potenzial der grellen biblischen Dramen, die sie in Auftrag gegeben hatte, und begann ihn sogar zu sammeln. Gewiss: Caravaggio ist nichts Menschliches fremd. Die Sehnsucht nach dem ganz Anderen aber, nach himmlischem Frieden, Erlösung, Erfüllung: Sie kommt in seinen Bildern nicht vor.

Blick in den Garten des Menschlichen

Was tut sich im Paradies? Ein spätgotisches Gemälde erzählt eine überraschende Geschichte von einer besseren, aber auch gefährlichen Welt.

Das Paradies misst 26,3 auf 33,4 Zentimeter. Ein Unbekannter hat es auf eine Tafel aus Eichenholz gemalt. Die Kunstwissenschaft nennt ihn den Oberrheinischen Meister und nimmt an, dass das Bild zwischen 1410 und 1420 in Straßburg entstanden ist. Seit 1921 hängt das bemerkenswert gut erhaltene spätgotische Kleinod im Städel in Frankfurt.

Was sehen wir? In einem Garten, der auf zwei Seiten von einer Mauer abgeschlossen wird, befinden sich acht Figuren: Maria, der Jesusknabe, Heilige und Engel. Vier Frauen und drei Männer, das Kind in ihrer Mitte. Die Muttergottes, tiefblau gewandet, sitzt auf einer von Holzplanken eingefassten Rasenbank. Ein Kissen dient ihr als Polster. Versunken liest sie in einem Buch. Wir sehen hauptsächlich den schlichten roten Einband; Lettern können wir nur ansatzweise erkennen, ein zusammenhängender Text ergibt sich nicht. Marias Haupt ist nicht von einer Aureole umgeben, sondern von einer goldenen Blätterkrone. Die überproportionale Größe der Figur weist gleichwohl auf ihre besondere Bedeutung hin.

Links von ihr sehen wir drei weibliche Gestalten. Eine, die ein ähnlich blaues Kleid wie Maria sowie einen weißen Schleier trägt, schöpft mit einer goldenen Kelle, die an einer Kette hängt, Wasser aus einem Becken. Die Figur rechts neben ihr, in ein rotes Kleid und einen weißen Mantel gehüllt, trägt einen Blumenkranz. Sie ist gewissermaßen die Kinderfrau: Während Maria liest, wendet sie sich dem ganz in Weiß gekleideten, gegürteten Christuskind zu und hält ihm das Psalterium hin, eine Brettzither. In die greift der Kleine mit beiden Händchen, nicht mit den bloßen Fingern, sondern mit zwei Plektren. Ein holder Knabe ist dieser Jesus, verständig schon, kein Säugling mehr; als einzige Figur ist er von einem Heiligenschein umgeben. Die dritte weibliche Person pflückt Kirschen vom Baum und sammelt sie in ihr gerafftes rotes Übergewand. Zu ihren Füßen steht bereits ein Korb voller Früchte. Das Attribut lässt vermuten, dass es sich um die heilige Dorothea handelt.

Den drei weiblichen Heiligen stehen auf der rechten Bildseite drei männliche Figuren gegenüber: ein Jüngling, ein Engel und ein Ritter. Zwei von ihnen sitzen am Boden: Der Ritter, der ein Kettenhemd und ein goldenes Wams trägt, aber bloß eine Strohkappe, wendet uns den Rücken zu. Der getötete Drache im Gras identifiziert ihn als den heiligen Georg. Er blickt zu Maria hin, während der Engel, den Kopf auf die rechte Hand gestützt, mit offenem Mund aus dem Bild hinausblickt. Das muss der Erzengel Michael sein: Das schwarze, affenartige Wesen zu seinen Füßen weist ihn als Bezwinger des Teufels aus. Sowohl der Drache als auch der Teufel erinnern an Figuren aus dem Puppentheater. Widersacher auf Augenhöhe sind sie nicht. Der Jüngling im braunen Mantel ist der Einzige in der Gruppe, der steht: Er umfasst einen Baumstamm und blickt auf die andern hinab.

Was sehen wir noch? Neben der Madonna steht ein sechseckiger Steintisch, im Nuppenbecher funkelt der Wein, in der Fruchtschale leuchten die Äpfel. Schnitze und Kerngehäuse neben der Schale zeigen, dass die Früchte nicht nur zum Anschauen da sind. Ein Apfel des Paradieses ist offenbar verspeist worden; nur die geringelten Schalen liegen noch da, fast demonstrativ, will es scheinen. Was mag uns das sagen: Dass hier am Ende jemand vom Baum der Erkenntnis gekostet hat? Und da sind die vielen Tiere der Lüfte: Amsel, Buch- und Distelfink, Kohl- und Blaumeise, Dompfaff, Rotkehlchen, Wiedehopf, auch Libellen und Schmetterlinge. Auf einer Rinne in der linken unteren Bildecke sitzt ein Eisvogel. Im Schnabel trägt er einen der Fische, die in der durch eine Mauer eingefassten Quelle auf die Abflussrinne zuschwimmen.

Noch vielfältiger ist die Welt der abgebildeten Pflanzen – von der Akelei über die Lilien, Maiglöckchen, Pfingstrosen bis zu Himmelsschlüsseln, Chrysanthemen, Astern und Levkojen. Sie alle sind so naturgetreu dargestellt, dass sie sich exakt zuordnen lassen. 24 Pflanzen- und 12 Vogelarten hat die Forschung gezählt.

Auf den ersten Blick könnten wir glauben, wir befänden uns in einem Hortulus conclusus, einem weltabgewandten, von allen Seiten umschlossenen Klostergarten. Doch so ist es nicht. Das Paradiesgärtlein des Oberrheinischen Meisters hat nach vorne und zur rechten Seite keine Begrenzung. Das aber heißt: Es steht offen für uns, die wir neugierig hineinspähen. Wir können es sogar betreten, wir werden ins Bild hineingezogen, sind alsbald ein Teil von ihm: Es trennt uns keine Mauer. Hinten in der Mitte aber sehen wir eine Baumkrone, die in den wolkenlosen Himmel ragt: Die Wurzeln des Baumes müssen außerhalb der Mauer liegen. Es gibt also auch jenseits von Eden offenbar eine blühende Welt!

Das ist nur eine von vielen Überraschungen, die dieses scheinbar so idyllische kleine Bild bereithält. Auf sanfte Weise verweigert es sich jeder Interpretation, die nur in eine Richtung geht. Es ist zugleich ein zutiefst religiöses und ein höchst weltliches Werk. Es lässt sich nicht nur mariologisch, sondern auch als höfische Darstellung lesen, als Paradies- wie als Schloss- und Liebesgarten. Es ist innig, verrät aber auch Charme. Wie im Bildtypus der »Maria im Rosenhag« sitzt die Madonna in der Bildmitte, doch die Rose als zentrales Symbol fehlt, und das Jesuskind bleibt der Obhut einer nicht durch Attribute identifizierbaren Heiligen überlassen, während Maria ganz mit ihrer Lektüre beschäftigt ist. Arno Schmidts Satz, dass es keine Seligkeit gebe ohne Bücher, scheint sogar für die Muttergottes zu gelten. Und liest sie, wenn es sich um ein heiliges Buch handelt, am Ende in ihrer eigenen Geschichte? Das ist freilich eine moderne Phantasie.

Vita activa und Vita contemplativa stehen in diesem

Bild einander gegenüber, wobei uns das Kirschenpflücken und das Wasserschöpfen nicht anstrengender vorkommen als das Lesen. Aber wird tatsächlich der Versenkung in die Schrift das Wort geredet? Auch daran sind Zweifel angebracht. Denn die Szene wird eingerahmt von zwei Bäumen. Wenn wir den Kirschbaum links als den Baum des Lebens deuten und den Baum rechts bei der Männergruppe als den der Erkenntnis, stehen wir vor neuen Fragen.

Der Baum des Lebens – er besteht als Symbol der Liebe aus zwei Stämmen, die sich umeinander winden – trägt Früchte, der Baum der Erkenntnis nicht. Und wenn wir die Gesichter der Männer rechts im Bild genauer betrachten, sehen wir: Sie sind nicht fröhlich, nicht einmal zuversichtlich. Verloren schaut der Engel aus dem Bild hinaus. Das können wir so lesen, dass der Intellekt allein nirgendwohin führt und dass das Denken, wie der Literaturwissenschaftler George Steiner es im Titel eines seiner späten Bücher formuliert hat, bloß traurig macht. Dem ließe sich entgegenhalten, dass der, den das Denken traurig macht, bloß noch nicht genug nachgedacht hat: Denn die eigene Melancholie mit Verstand zu betrachten, setzt am Ende Heiterkeit frei.

Doch der Oberrheinische Meister will wohl etwas leichter Fassbares sagen, und er tut es ganz bildhaft, mit naheliegender Farbsymbolik. »Grau, teurer Freund, ist alle Theorie, und grün des Lebens goldner Baum«, sagt Mephistopheles in Goethes *Faust* zu seinem Schüler im Studierzimmer. Das Grüne und das Goldene: Im grünen Baum des Lebens, in der goldenen Wasserquelle der Gotteserkenntnis scheint es auf.

Natürlich haben alle auf dem Gemälde abgebildeten Pflanzen und Tiere in der christlichen Symbolik ihre genau umschriebene Funktion, nicht anders als die Zahlen: Die Lilie symbolisiert die Reinheit, der Eisvogel die Auferstehung, der sechseckige Tisch weist darauf hin, dass Gott die Welt in sechs Tagen erschaffen hat – und so weiter. Aber für das Paradiesgärtlein des Oberrheinischen Meisters hat sich gleichwohl kein eindeutiges theologisches Programm nachweisen lassen. In diesem Garten Eden wird auch gejagt und getötet; das zeigen nicht nur der tote Drache und der erbeutete Fisch, sondern auch die Blaumeise hinter Maria, die gerade ein Insekt verzehrt. Zudem wurden die im Vordergrund schwirrenden Libellen, wie das *Handwörterbuch des deutschen Aberglaubens* weiß, das ganze Mittelalter hindurch als Zeichen des Bösen gelesen; sie heißen nicht umsonst auch »Teufelsnadeln«.

Das Bild regt noch zu einem weiteren Gedankenspiel an. Was ist hier eigentlich rechts und links? Den Baum des Lebens sehen wir links im Bild, ebenso die Frau, die mit der Kelle das Wasser der Gotteserkenntnis schöpft. Von Maria aus gesehen aber stehen sie rechts. Sie hält ja auch das Buch in der rechten, in der »guten« Hand. Wir sehen das Paradiesgärtlein also seitenverkehrt, und das kann uns tüchtig verwirren. Zumindest gemahnt es uns daran, dass wir, wie es im Korintherbrief heißt, jetzt durch einen Spiegel sehen, in einem dunkeln Wort, dann aber von Angesicht zu Angesicht.

Ist nun also das Paradiesgärtlein gar nicht ein Bild der Anmut und Abgeschiedenheit, wie wir auf den ersten Blick dachten, sondern eine Allegorie der Gegensätze? Es ist eben beides. Es strahlt eine überirdische Ruhe aus, es entrückt uns in eine bessere Welt – aber es birgt auch Gefahren. Diesen Widerspruch müssen wir aushalten. Doch mit Musik geht alles besser! In der Bildmitte sitzt das Jesuskind und greift in die Saiten der Zither. Ich stelle mir vor, dass der Knabe die Aria aus Bachs »Goldberg-Variationen« spielt. Aber vielleicht zupft er auch ganz frohgemut »Hänschen klein«.

Das »Paradies« misst 26,3 auf 33,4 Zentimeter. Ein Unbekannter hat es auf eine Tafel aus Eichenholz gemalt. Es gehört niemandem, und es hat darin Platz für alle.

INSEL-BÜCHEREI

Manfred Papst
Zeichen und Wunder

Bilder zur Weihnacht
Insel-Bücherei Nr. 1540

Weihnachten, das Fest, an dem wir die Geburt des Jesuskindes feiern, zählt zu den ältesten und beliebtesten Motiven der christlichen Malerei. Dreizehn Darstellungen werden hier in den Blick genommen: Wie haben Bosch und Brueghel, van Eyck und Memling, Giotto und Giorgione Weihnachten imaginiert, gestaltet, gedeutet? In kundigen Beschreibungen widmet sich Manfred Papst der Heiligen Familie, den Hirten und den drei Königen. Vor allem aber fragt er danach, welche Botschaft die Werke für uns heute bereithalten.

Fjodor M. Dostojewski
Weiße Nächte
Aus dem Russischen von
Christiane Körner
Illustriert von Stella Drais
Insel-Bücherei Nr. 1537

»Ich richte mir ein Zimmer ein
in der Luft«
Gedichte von Frauen
Herausgegeben von Marie Bernhard
Illustriert von Gerda Raidt
Insel-Bücherei Nr. 1538

Die verschwundene Stadt
Im Tiergartenviertel
Herausgegeben von Brigitte Landes
Insel-Bücherei Nr. 1539

Friedrich Schiller
»Ihr habt mir das Herz bezwungen«
Balladen und Gedichte
Herausgegeben von Paula Schmid
Illustriert von Antje Damm
Insel-Bücherei Nr. 1541

Anthony Trollope
Weihnachten in Kirkby Cottage
Aus dem Englischen von Andrea Ott
Illustriert von Irmela Schautz
Insel-Bücherei Nr. 1542

Friederike Mayröcker
Larifari
Illustriert und montiert von
Nicolas Mahler
Insel-Bücherei Nr. 1543

Deus in adiutoriũ.
Domine ad adiuuã
dum me.
Gloria pri. et c. Alla. hymnus
Memento sa. añ. In adorem.

Der vierte König

Die drei Weisen aus dem Morgenland sind dem Stern gefolgt, um dem Jesuskind zu huldigen. Die Geschichte ist uns allen vertraut und auf ungezählten Bildern gegenwärtig. Aber einer fehlt dabei immer. Weil er zu spät gekommen ist. Was ist da geschehen? Anmerkungen zu einer frommen Legende – mit einem Blick in ein Stundenbuch aus der Gegend von Toulouse.

In stiller Anmut sitzt Maria da. Ein zartes Wesen, halb Kind, halb Frau, ein Bild der Unbescholtenheit. Sie ist nicht stolz auf ihr königsblaues, golddurchwirktes Gewand. Dass ein Heiligenschein ihr Haupt krönt, scheint ihr gar nicht bewusst zu sein. Sie ist ganz die reine Magd der christlichen Überlieferung. Bescheiden sitzt sie unter ihrem grün bekrönten, rosa ausgeschlagenen Baldachin.

Wie anders tritt uns ihr Spross entgegen: Er ist kein zartes Jesulein, sondern ein Kraftpaket mit markantem Schädel, vollem Haar (dessen Farbe demjenigen der Mutter in bemerkenswerter Weise entspricht) und klobigen Gliedmaßen. Was für ein Paar! Auf natürlichem Wege, denkt man unwillkürlich, kann diese fragile

Jungfrau diesen Brummer von einem Buben nicht zur Welt gebracht haben.

Der kleine Kerl, dem seine Gloriole eher im Weg zu sein scheint, begnügt sich keineswegs damit, still vor sich hin zu strotzen. Frech greift er ins Geschehen ein. Die drei Weisen aus dem Morgenland – in den Evangelien haben sie noch keine Namen, erst in der christlich-lateinischen Tradition des sechsten Jahrhunderts werden sie zu Kaspar, Melchior und Balthasar – bringen dem göttlichen Kind ihre Gaben dar. Gold, Weihrauch und Myrrhe. Was aber tut Jesus? Er greift dreist in die Schale voller Gold, die der alte, würdige erste König ihm demütig darbietet, nachdem er seine Krone abgelegt hat und niedergekniet ist. Die beiden anderen Könige – auch der zweite ist schon ein alter Mann, nur der dritte, dunkelhäutige erscheint uns als junger Herrscher – schauen dem Treiben nachdenklich zu.

Das Blatt, das wir hier beschreiben, entstammt einem um 1490 in der Gegend von Toulouse entstandenen Stundenbuch. Es ist von Hand auf Pergament geschrieben und gemalt. Zwölf von Blumen, Früchten und Vögeln umgebene Miniaturen enthält es. François Avril hat dem Schöpfer der Bilder einen Namen gegeben, indem er ihn nach einem Missale für Jean de Foix, Bischof von Comminges, benannt hat. Aber darüber hinaus wissen wir nichts über diesen großartigen Künstler.

Wir können uns nur in seine Bilder vertiefen. Und dabei beobachten, dass das Jesuskind nicht nur auf der abgebildeten Miniatur mit den Heiligen Drei Königen ein ungestümer Säugling ist. Auf einem weiteren Bild hält ihn Simeon sanft im Arm. Der Kleine scheint die Rechte zum konventionellen Segen auszustrecken, doch wer genau hinsieht, bemerkt, dass er im gleichen Augenblick seinen betenden Ziehvater Josef am Schultertuch zupft. Mit solch kindlicher Allotria hat es freilich ein Ende, als das traute, hochheilige Paar sich auf der Flucht nach Ägypten befindet. Da wird der kleine Wildfang so eng in ein Bündel geschnürt, dass er keinen Mucks mehr machen kann. Die Arme sind an den Körper gefesselt, der Esel kann unbehelligt seines Weges gehen.

Darstellungen wie die geschilderte haben ihren tief religiösen Sinn. Stets handeln sie von Weisen, Herrschern, Königen, die aus fernen Landen aufbrechen, um einem Stern zu folgen. Er führt sie zu einem Neugeborenen, das als Symbol für einen neuen Glauben, eine neue Zeit, ein neues Glück steht. Ihm wollen sie huldigen, ihm wollen sie sich beugen, ihm wollen sie ihre Gaben darbringen. Die alte Macht unterwirft sich der neuen. Die aber gebärdet sich noch kindlich und übermütig. Die Reisenden verstehen das. Sie lassen dem göttlichen Kind geduldig seinen augenblicklichen Willen.

Ohnehin haben sie fast alles richtig gemacht. Sie sind rechtzeitig in Bethlehem angelangt. Nicht ganz so früh wie die Engel und Hirten, aber doch noch zeitig genug – am nach ihnen benannten Dreikönigstag. Maria und Josef, Ochs und Esel heißen sie willkommen. Meist blickt das Jesuskind ihnen mild verträumt entgegen. Nur selten ist es so keck wie hier.

Unzählige von Malen ist die Anbetung der Heiligen Drei Könige in der christlichen Kunst gestaltet worden. Der Aufmarsch an frommem Personal variiert. Einer jedoch fehlt immer in dem Reigen: der vierte König. Das kann uns nicht wirklich erstaunen. Denn zum einen war er damals in Bethlehem gar nicht zugegen. Er wurde auf der Reise dorthin immer wieder aufgehalten und kam am Ende dreißig Jahre zu spät. Aber das ist noch nicht alles. Er konnte in der frühen christlichen Glaubenswelt auch deshalb nicht heimisch werden, weil er eine Erfindung des 20. Jahrhunderts ist.

Dieser Befund irritiert und erstaunt. Denn die Legende vom vierten König ist in Erzählungen, Bilderbüchern und Theaterspielen so allgegenwärtig, dass man sie spontan für uraltes Volksgut halten möchte. Wer ihre Spuren verfolgt, verliert sich jedoch bald im Ungefähren. Von russischen Traditionen ist da bisweilen die Rede. Doch nach unserem Kenntnisstand deutet alles darauf hin, dass die Legende vom vierten König eine Erfindung des deutschen Schriftstellers Edzard Schaper (1908-1984) ist. Der publizierte 1961 seinen Roman *Der vierte König*, in dem die gleichnamige Legende enthalten war. Sie machte sich alsbald selbständig, wurde 1964 separat publiziert und, mit den Illustrationen von

Celestino Piatti, zu einem beliebten Weihnachtsbuch. Und sie ist von einer so urwüchsigen Kraft, dass sie alsbald als archaische Überlieferung passierte. Schon den ersten Rezensenten des Textes war sein Kunstcharakter rätselhaft. Er sei, so schrieb der *Rheinische Merkur* damals, »den Christuslegenden der Lagerlöf ebenbürtig und so sehr Legende, dass man ihr einen menschlichen Autor gar nicht zutraut«. Und die *Frankfurter Allgemeine Zeitung* jubelte: »In der Legende vom vierten König ist Edzard Schaper ein Gleichnis von seltener Eindringlichkeit und Poesie gelungen.«

Weshalb wird das hier erzählt? Keineswegs, um Schaper zu denunzieren als einen, der einer sinnfernen Zeit eine sinnige Legende untergejubelt hätte. Ob seine Geschichte alt ist oder neu, verbürgt oder nicht verbürgt, das ist hier nicht die Frage. Es geht allein um ihren religiösen Gehalt. Und der ist überzeugend genug. Rufen wir uns die Legende kurz in Erinnerung.

Als das Jesuskind in Bethlehem geboren werden soll, sagt Schaper, erscheint der Stern, der seine Geburt anzeigt, nicht nur den weisen Königen im Morgenland, sondern auch einem kleinen König in Russland. Der macht sich ebenfalls auf, um das göttliche Kind zu finden. Und er packt zu diesem Zweck eine Vielzahl von Geschenken ein. Feines Linnen, Pelze, Goldkörner, Perlen und Edelsteine, auch ein Krüglein Honig. So ausgestattet, folgt er dem Stern. Alsbald trifft er auf die drei weisen Könige aus dem Morgenland. Sie scheinen den gleichen Weg zu haben wie er, doch sie benehmen sich ihm gegenüber wenig freundlich. Der kleine König will sie beeindrucken, indem er seine Perlen aufs vom frischen Tau glänzende Feld streut. Die Angeberei bringt ihm nichts. Mit seinen übrigen Gaben geht er weniger leichtfertig um, doch sie kommen ihm gleichwohl abhanden: Einer Magd, die in Not und Einsamkeit ihr Kind zur Welt bringt, schenkt er einen Teil seines Goldes. Sodann kauft er Sklaven frei, deren Elend er nicht mit ansehen kann. Das Leinen zerschneidet er für einen Aussätzigen und einen Ausgeraubten. Und den Honig stiehlt ihm ein Schwarm wilder Bienen, der ihn fast umbringt.

Nun hat der kleine russische König nichts mehr. Sein leitender Stern ist ohnehin entschwunden. Doch sein Leiden ist noch längst nicht zu Ende. In einer Hafenstadt übernimmt er die Stelle eines umgekommenen Galeerensklaven, um dessen Sohn von seiner Erbfron zu erlösen. Dreißig Jahre lang rudert er in Ketten. Er wird geschunden, gedemütigt, jeglicher Würde beraubt. Als er schließlich freikommt, ist er nur noch ein Schatten seiner selbst. Der Mann, für den er sein Königtum geopfert hat, nimmt ihn auf, ohne zu ahnen, wer er ist. Er päppelt ihn zwar auf; doch Dank, Versöhnung, tieferes Verständnis bleiben aus.

Schließlich aber ist der kleine König wieder so weit hergestellt, dass er sich bewegen kann. Auf sonderbaren Wegen kommt er ins Gelobte Land, dorthin, wo ihm einst der Stern leuchtete. Doch Jesus ist nicht mehr das Kind in der Krippe. Er ist der Prediger und Rebell, der verraten und zum Tod am Kreuz verurteilt wurde. Der kleine König kommt gerade noch rechtzeitig, um die Hinrichtung des Erlösers auf Golgatha zu erleben. Er ist tief erschüttert. Aber er weiß, dass er in höherem Sinn nicht zu spät gekommen ist.

Was für eine wundersame Geschichte! Ein Mann folgt einem Heilsversprechen und begibt sich auf die Suche, gerät auf Abwege, verbringt Jahrzehnte in Not und Fremde – aber am Ende erfüllt sich sein Los. Der Umweg erweist sich als der Weg. Statt eine selige Geburt erlebt der kleine König einen elenden Tod. Aber er weiß, dass diesem nicht das letzte Wort bleibt und dass er seine Gaben nicht verschwendet hat. Denn was er auf seiner Irrfahrt den Ärmsten um ihn herum getan hat, das hat er seinem Herrn getan.

Edzard Schaper gilt uns Heutigen nicht mehr unbedingt als großer Autor, auch wenn der Kulturwissenschaftler und Theologe Uwe Wolff, der ihm 2012 eine eingehende Biografie gewidmet hat, sich mit vielfältigen Argumenten für ihn in die Bresche schlägt. Eine gewisse Betulichkeit, ein Überhang an Gesinnung in seinen Schriften ist uns im Weg. Doch mit der Geschichte vom vierten König hat er eine zeitlose Legende geschaffen. Dass sie regelmäßig in den Tiefen der russischen Überlieferung angesiedelt wird, sagt genug.

Wir werden diesen kleinen König nicht mehr vergessen. Sooft wir eine »Anbetung« sehen, ist er uns gegenwärtig. Hinter einem Balken des Stalls von Bethlehem blickt er ganz heimlich hervor und sagt: Solange Menschen mit ihrem Leben für andere einstehen, gibt es Hoffnung, Zukunft, Glück.

Der Autor

Manfred Papst (*1956) ist in Davos aufgewachsen. Nach dem Studium der Sinologie, Germanistik, Kunstwissenschaft und Geschichte in Zürich arbeitete er von 1980 bis 1988 als Lehrer, Korrektor, Lektor und Übersetzer, bevor er 1989 zur *NZZ* kam. 13 Jahre lang war er Programmleiter des Buchverlags der *Neuen Zürcher Zeitung*, daneben verfasste er regelmäßig Beiträge zu Literatur und Musik fürs Feuilleton. Von 2002 bis 2017 leitete er das Kulturressort der *NZZ am Sonntag*, für die er auch weiterhin schreibt. Je acht Jahre amtierte er als Präsident der Thomas Mann Gesellschaft Zürich und der Gottfried Keller-Gesellschaft Zürich. Er wurde verschiedentlich ausgezeichnet, so mit dem Zürcher Journalistenpreis 2005 und dem Alfred-Kerr-Preis für Literaturkritik 2015.

Bildnachweis

S. 10 Pieter Brueghel, Die Anbetung der Heiligen Drei Könige im Schnee, 1563, Sammlung Oskar Reinhart, Winterthur (Foto: André Held/akg-images, Berlin)

S. 18 Rogier van der Weyden, Madonna in Rot, 1435-1438, Museo Nacional del Prado, Madrid

S. 24 Hieronymus Bosch, Die Anbetung der Könige, Triptychon, um 1494, Museo Nacional del Prado, Madrid (Foto: Erich Lessing/akg-images, Berlin)

S. 32 Jacopo Torriti, Krönung der Jungfrau, Mosaik (Detail), 1291-1295, Apsis der Kirche Santa Maria Maggiore, Rom (Foto: DeAgostini Picture Library/Scala, Florence)

S. 40 Joos van Cleve, Geburt Christi, Flügelaltar, um 1530, Kunsthistorisches Museum Wien (Foto: KHM-Museumsverband, Wien)

S. 48 Giotto di Bondone, Die Anbetung der Könige, Fresko, um 1315-1320, San Francesco, Assisi (Foto: Stefan Diller/akg-images, Berlin)

S. 55 Matthias Grünewald, Isenheimer Altar, Zweites Wandelbild, Das Engelskonzert und Menschwerdung Christi, 1512-1516, Musée Unterlinden, Colmar (Foto: Stéphane Maréchalle/Mathieu Rabeau/RMN – Grand Palais/bpk, Berlin)

S. 62 Giorgione, Anbetung der Hirten, 1505-1510, National Gallery of Art, Samuel H. Kress Collection, Washington D.C.

S. 71 Jan van Eyck, Die Madonna des Kanzlers Nicolas Rolin, um 1435, Musée du Louvre, Paris (Foto: André Held/akg-images, Berlin)

S. 77 Hans Memling, Diptychon von Maarten van Nieuwenhove, Jungfrau Maria und Jesuskind (links), Maarten van Nieuwenhove (rechts), 1487, Museum Sint-Janshospitaal, Brügge (Foto: Erich Lessing/akg-images, Berlin)

S. 84 Caravaggio, Die heilige Familie mit Johannes dem Täufer, 1602-1604, Metropolitan Museum of Art, New York (Foto: adoc-photos/bpk, Berlin)

S. 89 Unbekannter Straßburger Meister, Das Paradiesgärtlein, um 1410-1420, Städel Museum, Frankfurt am Main

S. 97 Meister des Jean de Foix, Die Anbetung der Heiligen Drei Könige, Miniatur, Toulouse, um 1490 (Foto: Heribert Tenschert, Bibermühle)

Inhalt

Erste Auflage 2024. Originalausgabe Bezugspapier: Giorgione, Anbetung der Hirten, 1505/1510, National Gallery of Art, Samuel H. Kress Collection, Washington, D.C. Gesetzt in der Schrift Utopia Std. Gedruckt auf holzfreies, alterungsbeständiges mattgestrichenes Papier der Firma Inapa, Hamburg, von der Memminger MedienCentrum AG, Memmingen. Gebunden in Fadenheftung von der Conzella Verlagsbuchbinderei GmbH & Co. KG, Aschheim-Dornach. Dieses Buch wurde klimaneutral produziert: climatepartner.com/14438-2110-1001. Printed in Germany.
ISBN 978-3-458-19540-5. www.insel-verlag.de